Matrimonio y Crianza

Bill Hybels
Con: Kevin y Sherry Harney

Serie de Interacciones para grupos pequeños

Fruto del Espíritu: Viviendo una vida sobrenatural
Transformación: Permitiendo que Dios te cambie desde adentro

Dale significado a tu vida: Entiende el propósito de Dios para tu vida
Toma control de tu vida: Encuentra balance en tu vida diaria

Lo verdaderamente genuino: Descubre la recompensa de las relaciones auténticas
Consagración: Desarrollando una profunda devoción por Cristo

Vivir en el poder de Dios: Encontrando la fortaleza divina para los desafíos de la vida
Jesús: Una mirada franca al Salvador

Comunidad: Construyendo relaciones dentro de la familia de Dios
Alcance: Compartiendo el amor de Dios naturalmente

Encontrar a Dios: Salmos para los altibajos de la vida
Oración: Abriendo tu corazón a Dios

Autenticidad: Sé honesto con Dios y los demás
Cristianismo esencial: Pasos prácticos para el crecimiento espiritual

Lecciones de amor: Edificando relaciones sólidas
Amor en acción: Experimentando el gozo de servir

Carácter: Reivindicando seis cualidades en peligro
Nueva identidad: Descubriendo quién eres en Cristo

Matrimonio: Edificando una real intimidad
Crianza: Cómo criar hijos espiritualmente sanos

InterAcción
Serie para grupos pequeños

SEIS SESIONES

Matrimonio

Edificando una
real intimidad

y

Bill Hybels
Con: Kevin y Sherry Harney

Cómo criar hijos
espiritualmente sanos

SEIS SESIONES

Crianza

Vida®

La misión de Editorial Vida es proporcionar los recursos necesarios a fin de alcanzar a las personas para Jesucristo y ayudarlas a crecer en su fe.

MATRIMONIO y CRIANZA
Edición en español publicada por EDITORIAL VIDA —2008
Miami, Florida

Originally published in the U.S.A. under the titles:
Marriage y **Parenting**

Traducción: *Karen Azucena.*
Edición: *Elizabeth Fraguela M.*
Diseño interior: *artserv*
Adaptación de la cubierta: *Cathy Spee*

ISBN 978-0-8297-4950-2

Categoría: Estudios bíblicos / Guía de estudio bíblico

Impreso en Estados Unidos de América
Printed in the United States of America

08 09 10 11 12 13 ❖ 6 5 4 3 2 1

CONTENIDO

Interacciones

En 1992, Willow Creek Community Church, en sociedad con Zondervan y la Asociación Willow Creek, publicó un currículo para grupos pequeños y tituló la serie *Walking with God*. En solo tres años, casi medio millón de copias de esta guía de estudio para grupos pequeños se estaban usando en iglesias alrededor del mundo. Esta respuesta fenomenal a este currículo afirmó la necesidad de materiales bíblicos relevantes para grupos pequeños.

Mientras escribimos este currículo, hay casi tres mil grupos pequeños que se reúnen regularmente dentro de la estructura de la iglesia Willow Creek Community Church. Creemos que esta cantidad aumentará a medida que continuemos dándole un valor central a los grupos pequeños. Muchas otras iglesias a través del mundo también están creciendo en su consagración a los ministerios de grupos pequeños, así que está aumentando la necesidad de los recursos.

La serie de Interacciones para grupos pequeños se creó en respuesta a esta gran necesidad. La Asociación Willow Creek y Zondervan se unieron y crearon un nuevo método para los materiales de grupos pequeños. Estas guias de estudio tienen el propósito de retar a los miembros del grupo para llegar a profundizar el intercambio, crear líneas de responsabilidad, llevar a los seguidores de Cristo a la acción y ayudar a los miembros del grupo a convertirse en seguidores completamente devotos a Cristo.

Sugerencias para el estudio individual

1. Comienza cada sesión con una oración. Pide a Dios que te ayude a comprender el pasaje y aplicarlo a tu vida.
2. Una buena traducción moderna, tal como la Nueva Versión Internacional, te dará una gran ayuda. Las preguntas en esta guía están basadas en la Nueva Versión Internacional.
3. Lee y vuelve a leer el o los pasajes. Tú debes saber qué dice el pasaje antes de entender lo que significa y cómo se aplica a ti.
4. Escribe tus respuestas en los espacios provistos en la guía de estudio. Esto te ayudará a expresar con claridad tu comprensión del pasaje.
5. Ten un diccionario bíblico a la mano. Úsalo para buscar palabras, nombres o lugares desconocidos.

Sugerencias para el grupo de estudio

1. Prepárate antes de venir a la sesión. Una preparación cuidadosa enriquecerá mucho tu participación en los intercambios de ideas del grupo.
2. Ven dispuesto a unirte a los comentarios. El líder del grupo no dará una conferencia, sino que motivará a las personas a expresar lo que aprendieron en el pasaje. Planea decir lo que Dios te enseñó en tu estudio individual.
3. No te apartes del pasaje que se está estudiando. Basa tus respuestas en los versículos que se están comentando en lugar de basarlos en autoridades externas tales como comentarios o tu autor u orador favorito.
4. Procura ser sensible a los otros miembros del grupo. Escucha con atención cuando ellos hablan, y apóyalos cada vez que te sea posible. Esto motivará a los miembros del grupo que dudan participar.
5. Ten el cuidado de no dominar los comentarios. Participa, pero permite que otros tengan igual cantidad de tiempo.
6. Si eres el líder de los comentarios, encontrarás sugerencias adicionales e ideas útiles en las Notas del Líder.

Recursos adicionales y materiales de enseñanza

Al final de esta guía de estudio encontrarás una colección de recursos y materiales de enseñanza para ayudarte en tu crecimiento como un seguidor de Cristo. También encontrarás recursos que ayudarán a tu iglesia a desarrollar y formar seguidores completamente devotos a Cristo.

Introducción: Edificando una real intimidad

—Vas manejando muy rápido para las condiciones de la calle.

—Todo está bajo control.

Nuestras voces se cortaron bruscamente frente al rápido movimiento de los limpiaparabrisas.

El temporal había golpeado el parabrisas durante muchas horas. Pasamos varias horas sentados en un amargo silencio.

Gracias a Dios por la oscuridad. Gracias a Dios los niños iban durmiendo tranquilamente en el asiento trasero de nuestra camioneta azul y gris. Gracias a Dios ya estábamos llegando a casa.

Debía haber sido una maravillosa vacación navideña. El alojamiento que un generoso amigo nos reservó y pagó en Washington, D.C., era cómodo y espacioso. Los niños, que se sentían adultos a sus 11 años (Shauna) y ocho años (Todd), disfrutaron la libertad de deambular solos por el enorme y antiguo hotel que se hallaba casi desierto debido a las festividades. Se deleitaron en dejar que papi y mami durmieran mientras bajaban a ordenar el desayuno por su cuenta. Nuestro horario de turistas era relajado y se modificaba para satisfacer los deseos de los niños: su tarde ideal balanceaba dos horas en el Smithsonian con dos horas en la piscina del hotel. La histórica Georgetown estaba a una caminata de distancia, y cada noche paseábamos frente a las vitrinas de las tiendas pintorescas y escogíamos uno de los variados y peculiares restaurantes de la zona. Una noche, mientras los muchachos exploraban la ciudad, las muchachas reían y lloraban en el Teatro Ford con «Un villancico navideño», de Dickens. Suena maravilloso, ¿verdad?

Para los niños lo fue… eso esperamos. Hicimos todo lo posible por crear una experiencia inolvidable para ellos. Pero para nosotros fue una semana espantosa. Un alojamiento placentero y un itinerario cuidadosamente planificado no lograron aliviar el dolor de nuestro problemático matrimonio. La atractiva cama matrimonial de nuestra habitación privada no pudo acortar el abismo existente entre la separación y la intimidad. La frustración, la soledad, la desesperanza, el temor, la desesperación y la pena ensombrecieron cada potencial de alegría y desafiaron cada intento de resquebrajarlos. Mientras los niños deambulaban, nosotros conversábamos, pero cada conversación nos alejaba más y más. Cada vez nos sentíamos más insatisfechos con nosotros mismos y más enojados el uno con el otro. Nos sentíamos tan atrapados como nos habíamos sentido tan a menudo en el pasado. Nuestros compromisos con los niños, la iglesia y Dios nos mantenían atados a un matrimonio que con frecuencia nos rompía el corazón.

En ese primer día del nuevo año manejamos hacia la entrada de la casa. Feliz año nuevo.

Ahora, contrasta esta historia con otro escenario.

«Nunca había visto tantas estrellas».

«Es como si fuera una cúpula negra aterciopelada con diamantes incrustados».

Las calmadas olas bañaban la arena de la playa para luego adentrarse a las oscuras aguas del océano. Nos recostamos en la arena, soñolientos por el ritmo hipnótico de las mansas aguas. En el aire de la noche no había indicios de baja temperatura. ¡Ah, qué bueno era dejar que la naturaleza nos arrullara! La única cosa que se equiparaba a la perfección de esa noche era el día que la había precedido. Nos despertamos con la llovizna de la madrugada, bebimos unos sorbos de té de limón en nuestra pequeña cabaña alquilada y luego caminamos por la playa hacia un arco iris que se vislumbraba en el sur. Los colores se abrillantaban al mirarlos y después se opacaban mientras el sol de la mañana absorbía la humedad del aire. Caminamos en el agua sumergidos hasta la cintura y luego nos zambullimos debajo de la superficie resplandeciente. Nadamos hasta que nos dolieron los músculos y las fuertes olas nos llevaron de regreso a la orilla. Al lado de nosotros unos pececitos plateados se asomaron a la superficie del agua y luego, con un destello, se zambulleron y se persiguieron por un jardín submarino de juego hecho de caracoles, almejas y conchas. Después de refrescarnos en el agua, nos quitamos la sal del cabello y nos pusimos otro atuendo veraniego para el día, otro traje de baño. Ya tarde, saboreamos un desayuno de cereales y frutas y después tomamos un libro, enrollamos unas toallas playeras para reclinarnos sobre ellas y dirigimos hacia el sur nuestras caras cubiertas con protector solar.

El clima, con su cielo sin nubes, estaba mejor que nunca; y todavía más importante, estábamos mejor que nunca. Esos días, viviendo sin prisas, suavizaron nuestras asperezas y calmaron nuestro espíritu. Hablábamos suavemente y nos reíamos con facilidad. Nos intercambiábamos libros e insistíamos en que el otro leyera los «pasajes maravillosos» que acabábamos de leer. Comparábamos apuntes y pensamientos. Hablábamos del pasado y acerca del futuro. Revelábamos temores y reconocíamos nuestras faltas de carácter. Hablábamos sobre nuestros sueños y secretos. Y el placer de ese día le daba paso al romance debajo de las estrellas. ¿Desesperación en el asiento delantero de la camioneta Chevy o romance bajo un cielo de diamantes? ¿Cuál escenario describe el verdadero matrimonio de los Hybels? Ambos lo hacen. De hecho, esos dos episodios de la vida real ocurrieron en cuestión de meses. Parece poco probable, pero el salto entre esos contrastes dramáticos fue el patrón de nuestra relación desde que nos conocimos a los diecisiete años. Nuestros mejores momentos han sido maravillosos; nuestros peores momentos han sido devastadores. Durante nuestros mejores momentos pensamos que conocernos ha sido la mejor cosa que nos pudo haber pasado; durante los peores momentos nos lamentamos del día en que nuestros caminos se cruzaron.

En esta serie de seis sesiones tú tendrás la oportunidad de ver con honestidad tu matrimonio e identificar los aspectos fuertes así como los aspectos en que necesitas crecer. Ya sea que te encuentres en un momento tormentoso en tu matrimonio o que experimentes una felicidad inexplicable, esta serie de interacciones te ayudará a construir una intimidad real con tu cónyuge.

Bill Hybels

APRENDE DE LA HISTORIA

EL GRAN PANORAMA

Era el verano de 1974, solo hacía dos meses que Lynne y yo nos habíamos casado. Me informó que el triturador de basura se había roto. Le dije que llamara a un fontanero.

¡Comenzó la guerra!

—¿Qué quieres decir con que llame a un fontanero? ¿Por qué pagar cincuenta dólares por un trabajo que cualquier hombre fornido puede hacer?

—Bueno, no esperarás que *yo* lo haga, ¿verdad? No sé nada sobre trituradores de basura. Probablemente me electrocute si lo toco. Además, se nos están acabando los cuchillos para la mantequilla.

—Si lo intentaras, podrías hacerlo. Simplemente no te importa.

El problema era que el papá de Lynne arreglaba las cosas, su hermano arreglaba las cosas, sus tíos arreglaban las cosas, sus primos arreglaban las cosas, así que ella presumía que todos los hombres arreglaban las cosas. A menos, por supuesto, que no estuvieran interesados en lo que ocurría en la casa. A menos que estuvieran tan preocupados por los problemas fuera de la casa que no pudieran dedicar treinta minutos a las necesidades del hogar. Por mi parte, nunca en mi vida había tenido una experiencia exitosa con nada mecánico. Sabía que si intentaba arreglar el triturador de basura o cualquier otra cosa, malgastaría horas y probablemente dinero. También creía, como lo hacía mi padre, que el enfoque inteligente era aferrarme a lo que yo hacía bien y pagarle a alguien para que hiciera aquello para lo cual yo no era bueno.

UNA AMPLIA PERSPECTIVA DE TU MUNDO

1 Cuenta una anécdota acerca de alguna vez en que tú y tu cónyuge descubrieron cuán diferente era tu enfoque.

UN RETRATO BÍBLICO

Lee Génesis 2:21-25 y Efesios 5:31-33

2 Ambos pasajes presentan tres pasos críticos en el proceso del matrimonio. Qué significa:

- Dejar a nuestro padre y a nuestra madre

- Unirnos a nuestro cónyuge

- Ser una sola carne

DEFINIR EL ENFOQUE

Lee la Instantánea «Los poderes que nos moldean»

Los poderes que nos moldean

Ahora fue que Lynne y yo nos percatamos de quiénes eran nuestros padres y nuestras madres, cómo se relacionaban entre sí y cómo el funcionamiento de nuestras familias jugó un papel principal en nuestra formación como individuos. Esto es válido para todos. Dos décadas vividas en una estrecha proximidad a un grupo de personas no pueden evitar moldear nuestra identidad personal. Somos lo que somos principalmente por las experiencias que hemos disfrutado, o soportado, dentro del contexto de nuestras unidades familiares únicas.

Las dinámicas familiares determinan nuestra autoestima y confianza personal. Los valores familiares moldean nuestro carácter. Las experiencias familiares influyen en nuestros conceptos de cómo el matrimonio debe estructurarse y cómo criar a los hijos, cómo debemos ver el trabajo, el ocio, la educación, el dinero, la política y la religión. Todos observamos nuestras familias y decidimos si queremos repetir el patrón, si nuestra experiencia fue básicamente positiva, o intentamos crear una situación opuesta si nuestra experiencia fue básicamente negativa. De cualquier manera, las actitudes y las acciones de nuestras familias nos afectan profundamente.

3 Cómo manejaron nuestros padres:

- El conflicto

- La expresión de emociones

- La celebración de ocasiones especiales como cumpleaños y festividades…

- Las vacaciones familiares

- La disciplina de los hijos

4 Cita por lo menos una diferencia en las personalidades de ustedes que se pueda ubicar directamente en el origen familiar. ¿De qué manera se ha vuelto esto un problema en el matrimonio y cómo estás procurando solventarlo?

5 ¿Qué aspectos de la relación con tus padres respetas y deseas imitar en tu matrimonio?

¿Qué estás haciendo para desarrollarlos en tu relación?

Lee la Instantánea «Nadie es perfecto»

Nadie es perfecto

Tristemente, no todos los recuerdos familiares son sobresalientes. La familia, además de ser uno de los más grandes determinantes de la identidad personal, es una de las causas más grandes de dolor personal. Nadie crece exento de dolor. El apóstol Pablo nos dice que nadie puede vivir una vida totalmente justa (Romanos 3:23), y eso incluye a nuestros padres. No hay una madre perfecta. No hay un padre perfecto. Todos somos productos de padres pecadores. Ellos también fueron productos de padres pecadores, tal y como nuestros hijos lo serán.

Debemos reconocer que los padres imperfectos siempre generan algún grado de dolor en sus hijos. La batuta que se pasa de una generación a la próxima está siempre, por lo menos, un poco desfigurada, un poco marcada.

6 ¿Hay alguna característica que marcó la relación de tus padres y que deseas evitar en tu matrimonio?

¿Cuál es el requisito para que tú confrontes y evites los mismos patrones?

7 ¿De qué manera creativa podrías agradecerles a tus padres que impactaran tu vida de una forma positiva?

SITÚATE EN EL CUADRO

PIENSEN EN RECUERDOS DEL PASADO

Durante la próxima semana tómate un tiempo para conversar con tu cónyuge sobre algún incidente de tu pasado en el que uno de tus padres, o ambos, hicieron algo que te lastimó. Conversa sobre las siguientes preguntas:

¿Pudo haberse evitado?

¿Cómo te recuperaste?

¿Existen pasos que tú necesitas dar para continuar el proceso de curación?

¿De qué manera planificas evitar la repetición del mismo error en *tu* vida familiar?

Tómate un tiempo para orar por la curación del corazón de tu cónyuge y comprometerte a seguir orando por él o ella en los siguientes días y semanas. Además, da pasos específicos para continuar el proceso de curación en sus vidas.

PROYECTO DE INVESTIGACIÓN

Llama o reúnete con tus suegros y pregúntales cómo creen que la vida de ellos impactó a tu cónyuge. Déjalos hablar libremente acerca de su influencia positiva y negativa. Luego, cuéntale a tu cónyuge lo que aprendiste. Tómate un tiempo para valorar a tus suegros, hónralos como personas que le importan a Dios y a ti

¿DE QUÉ MATERIAL ESTÁS HECHO?

REFLEXIONES DE LA SESIÓN 1

1. Si empleaste un tiempo con tu cónyuge reflexionando en algunas de las luchas y dolores que enfrentó al crecer, ¿qué aprendiste acerca de cómo puedes cuidar ahora a tu cónyuge en tu relación? Si aún estás en el proceso de curación, ¿cómo puede el grupo ayudarte a caminar a lo largo de este proceso de curación con valor y esperanza?
2. Si te comunicaste con tus suegros, ¿qué aprendiste en esa conversación acerca de tu cónyuge? ¿De qué forma puedes usar lo aprendido para amar y apoyar a tu cónyuge de una manera más eficaz?

EL GRAN PANORAMA

Casi todas las personas que han caminado por la senda hacia el altar llegan a un punto en el desarrollo de su relación matrimonial en la que dicen: «Pienso que cometí un grave error. Pienso que me casé con la persona equivocada».

A menudo, debido a la congoja del temor y la confusión, las personas dicen cosas como: «Siento que ya no conozco a mi esposo. Teníamos tanto en común cuando éramos novios, pero ahora parece que todo lo vemos diferente. Esta no es la persona de la que me enamoré. Mi esposo ha cambiado tanto».

Es probable que tu esposo haya cambiado muy poco. Sin embargo, la realidad a menudo revela lo que el romance oculta. En la rutina de la vida real, los esposos comienzan a percatarse de las cosas que antes no habían visto. Tienden a enfocarse en sus diferencias más que en las creencias comunes o en los intereses que los acercaron. Tienden a irritarse por las idiosincrasias que les encantaron cuando eran novios, y tienden a observar el lado negativo de las mismas cualidades que más admiraban en su pareja antes de casarse.

Veo este patrón en muchos matrimonios. De hecho, es muy evidente en el mío. Durante nuestro noviazgo los sentimientos afloraban en el terreno fértil de nuestra obvia compatibilidad. Teníamos en común los valores más profundos y las metas más altas. Nos respetábamos mutuamente. Disfrutábamos de una mutua atracción que era intensa e integral. Nuestro problema radicaba en que enfocábamos toda nuestra atención en esas fascinantes características que teníamos en común y dejábamos de lado algunas diferencias importantes. No revisamos las diferencias de nuestro origen familiar que analizamos en la sesión anterior ni las diferencias de nuestras personalidades básicas.

UNA AMPLIA PERSPECTIVA DE TU MUNDO

1 ¿Cuáles son las creencias y los intereses comunes que te acercaron a tu cónyuge en un principio?

2 ¿Existe alguna diferencia entre tú y tu cónyuge que descubriste después de casarte con él/ella? ¿Cuáles son las consecuencias de esta diferencia?

UN RETRATO BÍBLICO

Lee 2 Corintios 6:14-18.

3 Este pasaje dice: «No formen yunta con los incrédulos». ¿Qué repercusiones acarrea esto en la unión de los seguidores devotos de Cristo y los no creyentes?

DEFINIR EL ENFOQUE

Lee la Instantánea «Introvertidos y extrovertidos»

Introvertidos y extrovertidos

Los *introvertidos* piensan antes de hablar y usualmente dicen poco. Prefieren tener algunos amigos cercanos que muchos conocidos y a menudo optan por una noche tranquila en casa en lugar de una reunión social. Pueden ser cálidos, cariñosos y amigables con la gente, pero la interacción social los agota (se sienten ligeramente incómodos si están en grupo), por lo que necesitan un fuerte balance de soledad para llenarse de energía. Necesitan estar a solas para relajarse, bajar el ritmo y ser nuevamente ellos mismos.

Los *extrovertidos*, por otro lado, obtienen su energía de la interacción con las personas. La mayoría de los extrovertidos disfruta del trabajo y de la recreación en equipo. Generalmente tienen muchos amigos y pasan una gran parte de su tiempo con otros. A los extrovertidos en extremo les gustan las fiestas como nada en la vida, y usualmente terminan siendo el alma de la fiesta. Tienden a hablar bastante, de hecho, a veces parece que tienen que hablar para descifrar lo que piensan. Los extrovertidos disfrutan la soledad de vez en cuando, pero demasiada soledad los agota emocionalmente. Necesitan la inspiración de la interacción para mantener sus baterías recargadas.

4 Luego de leer las definiciones mencionadas arriba, toma un momento para escribir cuál crees que te describe a ti y a tu cónyuge. Utiliza esta sencilla clasificación: 1 para «leve» y 10 para «extremo» a fin de juzgar en dónde «aterrizan» en la escala. El mismo sistema de clasificación se utilizará para las preguntas de la 5 a la 7. (Esto será divertido. Por ejemplo, tú puedes decir que eres muy introvertido, ¡pero tu cónyuge puede pensar que solo eres ligeramente introvertido!)

Persona	*Introvertida o extrovertida*	*Rango*
Yo:	______________________	________
Mi cónyuge:	______________________	________

¿Cómo se compara tu autoevaluación con la evaluación de tu cónyuge?

¿Cómo se revelan esas diferencias de la personalidad en la vida cotidiana?

¿Cómo el estar consciente de esas diferencias les ayudaría a llevarse mejor entre sí?

Lee la Instantánea «Racionales e intuitivos»

Racionales e intuitivos

Si se pudiera describir a los racionales con una sola palabra, esta podría ser «prácticos». Las personas «racionales» tienden a fundamentar su realidad en hechos, hechos y más hechos. Tienen sus pies bien cimentados en la realidad. Piensan muy poco en lo que pudo haber sido y lo que será en el futuro, por lo que se enfocan en lo que realmente sucedió o en lo que es. Miran el pasado, aprenden por medio de la experiencia y valoran las experiencias de otras personas. Cuando los empleadores «racionales» entrevistan candidatos para un puesto, tienden a enfocar las preguntas en la historia de estos, y razonan que la experiencia pasada es la mejor base para presumir la productividad futura.

Los *intuitivos* probablemente se describirían como «innovadores». Para ellos, lo que *es* siempre se puede mejorar. Su vaga sensación de insatisfacción con la realidad los impulsa al cambio. El futuro los intriga más que el pasado o el presente, y les fascinan las ideas y las posibilidades. Durante una entrevista los empleadores intuitivos tienden a prestar más atención a lo que el solicitante dice sobre el futuro de la empresa que lo que él o ella ha hecho en el pasado. Los intuitivos fascinan a otros con su especulación, imaginación, creatividad y fantasía poética, pero como a menudo su mente vuela por las nubes, están sujetos al error en cuanto a los hechos y los detalles.

5

Luego de leer las definiciones mencionadas arriba, toma un momento para escribir cuál crees que te describe a ti y a tu cónyuge. Utiliza el mismo sistema de clasificación descrito en la pregunta 4 (1 para «leve» y 10 para «extremo»).

Persona	*Racional o intuitiva*	*Rango*
Yo:	______________________	______
Mi cónyuge:	______________________	______

¿Cómo se compara tu autoevaluación con la evaluación de tu cónyuge?

¿Cómo se revelan esas diferencias de la personalidad en la vida cotidiana?

¿Cómo les ayuda estar consciente de esas diferencias para llevarse mejor entre sí?

Lea la Instantánea «Pensantes y sensibles»

Pensantes y sensibles

Una tercera categoría, la de los pensantes y los sensibles, muestra cómo difieren las personas en lo que respecta a evaluar las opciones y tomar decisiones. Los pensantes asumen un enfoque lógico de la vida y prefieren dejar que sus cabezas los gobierne. Tienden a ser fríos, calculadores y cortantes. Se preocupan por lo correcto y lo incorrecto, la prudencia, las metas y la eficiencia. En el sistema legal tienen sed de justicia; en el mundo laboral buscan la productividad y la ganancia; en la educación buscan la verdad sin titubeos. Si algo es correcto, ellos lo hacen. Si algo es justo, ellos lo promueven. Si algo tiene sentido, ellos lo persiguen. Los sensibles prefieren dejar que gobiernen sus corazones. Ellos mismos tienen sentimientos profundos y tienen empatía con los sentimientos de las demás personas. Tienden a fundamentar sus decisiones en cómo sus opciones afectarán a los demás. Les desagrada que las personas se sientan tristes, heridas o desanimadas y anhelan aliviar su dolor. Prefieren la misericordia que la justicia, poner primero a las personas y no a las ganancias y a veces ven gris lo que los pensantes ven blanco o negro.

6 Luego de leer las definiciones mencionadas arriba, toma un momento para escribir cuál crees que te describe a ti y a tu cónyuge. Utiliza el mismo sistema de clasificación descrito en la pregunta número 4 (1 para «leve» y 10 para «extremo»).

Persona	*Pensante o sensible*	*Rango*
Yo:	______________________	______
Mi cónyuge:	______________________	______

¿Cómo se compara tu autoevaluación con la evaluación de tu cónyuge?

¿Cómo se revelan esas diferencias de la personalidad en la vida cotidiana?

¿Cómo les ayuda estar consciente de esas diferencias para llevarse mejor entre sí?

Lee la Instantánea «Líderes y seguidores»

Líderes y seguidores

Los líderes crean ideas y acciones. Son agresivos, asertivos y dispuestos a la confrontación. Tienden a ser francos, a menudo hablan fuerte y rápido y le añaden énfasis a sus conversaciones con la entonación y el lenguaje corporal. Los líderes toman decisiones con facilidad y las expresan con franqueza e intensidad. Saben cómo encargarse de las cosas y les encanta hacerlo. Pueden ser excelentes líderes, aunque a veces abruman a los demás.

Los seguidores prefieren dejar que prevalezcan las ideas y las acciones de otras personas. Son menos asertivos y agresivos que los líderes y, en la medida de lo posible, evitan las confrontaciones. Son indecisos y cautos, tienden a hablar calmadamente y sin emociones y dudan expresar sus opiniones por temor a imponérselas a los demás. Escuchan con atención, si es posible evitan el uso del poder y, generalmente, tienen la actitud de brindar apoyo. Otros los ven como tímidos pero agradables.

7

Luego de leer las definiciones mencionadas arriba, toma un momento para escribir cuál crees que te describe a ti y a tu cónyuge. Utiliza el mismo sistema de clasificación descrito en la pregunta número 4 (1 para «leve» y 10 para «extremo»).

Persona	*Líder o Seguidor*	*Rango*
Yo:	______________________	______
Mi cónyuge:	______________________	______

¿Cómo se compara tu autoevaluación con la evaluación de tu cónyuge?

¿Cómo se revelan esas diferencias de la personalidad en la vida cotidiana?

¿Cómo les ayuda estar consciente de esas diferencias para llevarse mejor entre sí?

8 Explícale a tu grupo cómo una mayor comprensión de las diferencias de personalidades ayudará a fortalecer tu matrimonio. ¿Cómo aprender acerca de los demás en el grupo los ayudará a entablar una comunión más profunda y crear relaciones auténticas?

SITÚATE EN EL CUADRO

BUSCA PUNTOS EN COMÚN

En esta sesión tú hablaste acerca de algunas creencias e intereses comunes que inicialmente te atrajeron a tu cónyuge. Identifica uno o dos de esos puntos en común durante esos primeros días y comenta lo que pueden hacer en la actualidad para fomentar esos intereses. ¿Cómo pueden regresar a algunas de las creencias básicas y los intereses que los acercaron en un primer momento?

Además, identifica nuevos intereses que ambos tengan en común. ¿Qué pueden hacer para emplear un tiempo juntos fomentando uno de esos intereses durante el próximo mes?

VER LAS COSAS DESDE MI PUNTO DE VISTA

Identifica el aspecto de esta sesión (por ejemplo, introvertido vs. extrovertido) en la que tú y tu cónyuge están más alejados. Toma un tiempo para explicarle a tu cónyuge por qué piensas que estás hecho de esa manera. Asegúrate de apoyar a tu cónyuge por ser lo que es. No existe un tipo de personalidad mala o buena, solo diferentes personalidades. Piensa cómo pueden celebrar esas diferencias.

PLANIFICA VIVIR EN PAZ

REFLEXIONES DE LA SESIÓN 2

1. ¿Hay algún punto de interés común que tú y tu cónyuge disfrutan en este momento? ¿Qué han hecho en las semanas anteriores para pasar juntos más tiempo de calidad?
2. Si como pareja se tomaron el tiempo para identificar un aspecto de sus personalidades en la que se parecen, cuéntale al grupo lo que aprendieron el uno del otro en este proceso y cómo buscan aceptarse mutuamente y gozar del diseño exclusivo que Dios creó en cada uno.

EL GRAN PANORAMA

Hace un tiempo, cuando Lynne y yo todavía éramos novios, nos sentamos a conversar con una pareja que nos dejó absolutamente sorprendidos. Habían estado saliendo durante tres años y *nunca* se habían peleado. Ellos confiaban en que este patrón continuaría.

Luego nos preguntaron: «¿Y qué de ustedes dos? Ya hace tiempo que son novios. ¿Qué tal les ha ido?» Nos sentimos más que un poco intimidados. ¿Cómo podíamos sentarnos en esa mesa, frente a esa pareja «perfecta» y decir la verdad sobre nuestro tormentoso romance y nuestro quebradizo compromiso? ¿No podríamos «suavizar» la historia un poquito?

Respondimos: «Ah, hemos tenido algunos conflictos, pero ninguno ha sido serio y siempre los hemos resuelto. Además, pensamos que es saludable que los novios discutan un poco y aprendan a solventar la situación. ¿Qué mejor manera de prepararse para el matrimonio?»

Ellos parecían muy seguros al decir: «Bueno, quizá eso sea cierto en el caso de ustedes. Pero si nosotros hemos pasado tres años de noviazgo sin un problema, no vemos por qué debemos esperar que ocurra un problema en el matrimonio. No tendremos las presiones de la universidad ni las de vivir con nuestros padres o lidiar con los trabajos a tiempo parcial. El matrimonio debe ser fácil comparado con lo que estamos lidiando ahora. Será pan comido».

Les deseamos felicidad y nos fuimos del restaurante pensando que quizá tenían razón. Tal vez el matrimonio *sería* pan comido para ellos. Quizá mantendrían su récord perfecto. Verdaderamente, parecían ser la pareja ideal.

Pero nosotros —y ellos— estábamos equivocados. Establecer carreras, mantener un hogar y simplemente vivir juntos demostraron ser un desafío más grande de lo que nuestros amigos anticiparon. Ellos no pudieron resolver cómo dividir las tareas domésticas. Descubrieron que tenían perspectivas opuestas en torno al dinero. Las tensiones con la familia política los ponían en aprietos. Los conflictos de horario generaron explosiones frecuentes de enojo. Las frustraciones sexuales los mantuvo despiertos durante la noche. No pudieron ponerse de acuerdo en los planes para las vacaciones cuando las necesitaban desesperadamente. Necesitaban escapar de la realidad. Luego de tres años de matrimonio, se sintieron atrapados entre las sólidas paredes de los conflictos que no sabían resolver. Y dentro de las paredes, el aire estaba enrarecido por el calor de la hostilidad.

UNA AMPLIA PERSPECTIVA DE TU MUNDO

1 ¿Qué le dirías a una pareja comprometida que afirmara que nunca han peleado entre sí y que estuvieran seguros de que este patrón continuaría a lo largo de su matrimonio?

Cuenta un poco de tus experiencias en el noviazgo. ¿Fue esta etapa de tu relación como navegar por aguas mansas o por aguas turbulentas?

UN RETRATO BÍBLICO

Lea Efesios 4:25-26

2 ¿Por qué es tan crucial decir la verdad para entablar relaciones saludables?

Recuerda alguna vez en que no «dijiste la verdad». ¿Qué consecuencias experimentaste?

3 El apóstol Pablo no dice que el enojo sea malo. Sin embargo, nos advierte sobre el pecado que puede originarse con el enojo. Lo dice con claridad: «No dejen que el sol se ponga estando aún enojados». ¿Por qué es tan esencial obedecer esta enseñanza para crear un matrimonio saludable?

¿De qué manera le damos «cabida al diablo» al rehusarnos a seguir la enseñanza de Dios en lo que respecta a manejar el enojo y, en su lugar, «guardamos todo adentro»?

DEFINIR EL ENFOQUE

Lea la Instantánea «Lo que aprendimos»

Lo que aprendimos

Nuestro estilo para pelear y la manera en que lidiamos con el conflicto a menudo refleja lo que vimos en nuestro hogar al crecer. Existe una variedad de maneras en las que podemos responder durante los momentos de conflicto en nuestro matrimonio. He aquí algunas de ellas:

Congelamiento. Este estilo de lidiar con el conflicto enfría a todas las personas. Como nadie desea hablar sobre los problemas o las preocupaciones reales, las personas se apartan, se separan y se guardan su dolor y su enojo. Esto conduce a un distanciamiento en la relación.

Que suenen las balas. En este estilo de vaquero para lidiar con el conflicto, las personas se cuadran y comienzan a disparar balas de palabras. La intimidación es la herramienta que se utiliza en este estilo. Los sentimientos se expresan con enojo y se hieren los sentimientos. Se logra hacer mucho daño.

Déjenme salir de aquí. En este estilo, lo que se hace es correr. Puede tomar varias formas: una visita al bar, al centro comercial, a la casa de los padres, el uso de drogas, el exceso de trabajo o cualquier otra cosa que cree un escape temporal. No obstante, cuando la persona regresa, el problema persiste.

No sé qué pasó. Tristemente, algunas personas explotan y expresan su enojo a través de la violencia física. Un asalto verbal se intensifica y se convierte en un ataque físico. Después, el que explota dirá con frecuencia: «No sé qué pasó». Pero el daño ya está hecho. Estos y muchos otros patrones pueden marcar las relaciones matrimoniales. Necesitamos aprender a identificar lo que aprendimos en nuestro hogar al crecer y desarrollar formas saludables para lidiar con el conflicto.

4 ¿De qué manera lidiaban tus padres con el conflicto y el enojo en su relación?

¿De qué manera lidias en tu matrimonio con el conflicto y el enojo?

Lea la Instantánea «El espíritu de la reconciliación»

El espíritu de la reconciliación

Hemos observado que, además de aprender sobre las herramientas prácticas para la resolución de los conflictos, casi todas las parejas que sobreviven a los conflictos menores y mayores de la vida matrimonial descubren un antídoto clave para su fallecimiento. Este recibe el nombre de *espíritu de la reconciliación*. Este elixir produce una condición del corazón que prepara a las personas para la reconciliación y revoluciona la manera de mirar el conflicto. Existen tres pasos en este proceso de reconciliación:

Primero, necesitamos reconocer que no cumplimos las normas morales de nuestro Santo Dios y que, por consecuencia, estamos en conflicto con él.

Segundo, debemos entender que Dios, que es «rico en misericordia», ofreció a su Hijo Jesucristo para acercarnos a él.

Tercero, cuando reconocemos que somos adoptados en la familia de Dios a pesar de que no lo merecemos, comienza a fluir naturalmente el gozo de la reconciliación divina en cada aspecto de nuestra vida, incluyendo el matrimonio.

5 ¿Por qué son necesarios los primeros dos pasos de este proceso para que el tercero se vuelva una realidad en nuestras vidas?

Si tú diste los primeros dos pasos en la vida, ¿diste el tercer paso? Si es así, describe los resultados. Si no es así, ¿qué te impide buscar la reconciliación en tus relaciones?

Lea la Instantánea «¿Hay una viga en tu ojo?»

¿Hay una viga en tu ojo?

En el sermón del monte, Jesús desafió a sus seguidores para que se señalaran a sí mismos antes de señalar a los demás. Jesús preguntó: «¿Por qué te fijas en la astilla que tiene tu hermano en el ojo, y no le das importancia a la viga que está en el tuyo? ¿Cómo puedes decirle a tu hermano: "Déjame sacarte la astilla del ojo", cuando ahí tienes una viga en el tuyo? ¡Hipócrita!, saca primero la viga de tu propio ojo, y entonces verás con claridad para sacar la astilla del ojo de tu hermano» (Mateo 7:3-5).

¿Qué nos dice esto a los esposos? Nos dice que cada vez que nos sintamos menospreciados, ofendidos, utilizados o heridos, antes de sacar la pistola y empezar a disparar, o a correr o a obviar a alguien, necesitamos estar a solas con Dios y hacernos unas preguntas indagatorias. *¿Acaso soy yo el problema? ¿Estoy siendo irracional o egoísta o insensible? ¿Soy yo?*

6 Emplea unos minutos a solas para orar y pedirle a Dios que te ayude a ver los aspectos específicos en tu matrimonio en los que tal vez estés creando problemas o tensión porque hay pecado en tu vida. ¿Cuáles «vigas» ves en tu ojo en este momento de tu matrimonio?

Tomen unos minutos para reunirse en parejas y con honestidad confesar lo que cada uno sabe que ha causado dolor o herida en el matrimonio. ¿Qué puedes hacer para arreglar la situación?

Lea la Instantánea «¿Podemos hablar?»

¿Podemos hablar?

Las palabras de Pablo en cuanto a no dejar que el enojo se acumule, sugieren mantener a diario conversaciones pacíficas sobre los conflictos que puedan haberse suscitado durante el curso del día. Los horarios apretados a veces imposibilitan las conversaciones pacíficas y los problemas serios pueden requerir conversaciones planificadas con más formalidad, pero incluso estas deben realizarse lo más pronto posible. Mientras tanto, las parejas deben comprometerse a «no pecar en su enojo». Ambos deben abstenerse del tipo de «disparos baratos», sarcasmo, indirectas y rudeza que inevitablemente complican los asuntos.

Al comenzar a hablar para resolver los conflictos y las tensiones en tu relación, toma en cuenta estas instrucciones importantes:

Prepárate en oración. Es esencial pedir un corazón tierno y humildad para realizar este proceso.

Comienza con la reiteración. Asegúrate de expresar verbalmente tu amor y compromiso para con tu cónyuge.

Dispónte a asumir la culpa. Debes estar presto a reconocer específicamente cómo contribuiste a generar tensión en tu matrimonio.

Expresa tus heridas, no hostilidad. Habla sobre tus heridas con honestidad pero sin enojarte.

Haz declaraciones directas. Las indirectas y las frases improvisadas no dan buenos resultados. Expresa lo que realmente quieres decir.

Haz declaraciones de «lo siento». No acuses ni entres en pleitos echándole la culpa a tu cónyuge. Díle cómo te sientes. «Me siento solo» es mejor que «Nunca estás en casa».

Evita usar «nunca» y «siempre» en tus declaraciones. Procura ser preciso, verdadero y realista en lo que dices. No digas: «Nunca llegas temprano a casa», sino di: «Me siento triste (o herida) cuando llegas tarde a casa».

7

Esto puede significar un esfuerzo para tu matrimonio. ¿Qué crees acerca de arriesgarte a comprometerte a experimentar una relación honesta y basada en la verdad en el matrimonio?

8 ¿De qué manera puede tu grupo pequeño funcionar como un lugar donde tú puedas recibir consejos y sentirte respaldado en tu matrimonio?

SITÚATE EN EL CUADRO

ESTABLECE LAS REGLAS DEL JUEGO

Tomen un tiempo como pareja para establecer las reglas en cuanto a la forma en que realizarán sus conversaciones pacíficas. Consideren estas reglas como un pacto. Pueden usar el ejemplo del pacto que se muestra abajo como un punto de partida para su conversación.

1. Siempre oraremos al comenzar a hablar sobre nuestras preocupaciones.
2. Procuraremos llegar a ese momento con un espíritu de reconciliación.
3. Estaremos dispuestos a buscar los aspectos en los que hemos fallado en nuestro matrimonio e intentar ver la viga en nuestro ojo.
4. Comenzaremos siempre con la reiteración de nuestro amor mutuo y el compromiso para con nuestro matrimonio.
5. Procuraremos expresar nuestras heridas sin ser hostiles.
6. Procuraremos expresarnos con claridad sin lanzar indirectas.
7. Procuraremos expresar nuestros sentimientos en lugar de culpar al otro.
8. Evitaremos el uso de las palabras «nunca» y «siempre» en nuestras oraciones.

9. Si fuera necesario, buscaremos el apoyo de amigos cristianos comprometidos.
10. ______________________________
11. ______________________________
12. ______________________________

Nos comprometemos a seguir estas instrucciones a medida que crecemos en la comunicación y buscamos la paz para nuestro matrimonio.

Firma: ______________________________

Comprométete a memorizar las Escrituras

En los próximos días toma un tiempo para memorizar este pasaje:

«Si se enojan, no pequen. No dejen que el sol se ponga estando aún enojados» (Efesios 4:26).

¿QUÉ LE PASÓ AL ROMANCE?

REFLEXIONES DE LA SESIÓN 3

1. Si firmaron un pacto acerca de cómo realizarán las conversaciones pacíficas como pareja, cuéntale a tu grupo a qué acuerdo llegaron juntos. ¿Qué puede hacer tu grupo para mantenerte responsable del acuerdo con tu cónyuge?
2. Si tomaste un tiempo para memorizar Efesios 4:26, ¿cómo impactó este versículo tu actitud desde que te comprometiste a memorizarlo? ¿Cómo tener la Palabra de Dios en la mente y en el corazón para vivir más eficientemente te ayudó como un seguidor de Jesucristo?

EL GRAN PANORAMA

«Necesitamos hacer que el romance regrese». He escuchado a muchos esposos decir esa oración. Las parejas infelices con su matrimonio a menudo admiten que la falta de romance es lo que más las molesta. «Si me casé con la persona correcta», pregunta un cónyuge, «¿por qué se acabó el enamoramiento tan abruptamente después de la boda? ¿Por qué se apagaron las llamas tan rápido? ¿Por qué hay menos «sentimiento» en nuestro matrimonio que antes?»

Pocas parejas esperan mantener la intensa, poderosa y adolescente relación que marcó la cima de su enamoramiento. De hecho, la mayoría de las parejas se siente más o menos aliviada cuando la vida comienza a establecerse en una rutina más normal y de nuevo pueden hacerse cargo de las tareas de la vida real. Sin embargo, muchos matrimonios se establecen demasiado. Esa chispa se acaba por completo en cuestión de pocos años. Los sentimientos se convierten en simples recuerdos. El romance se transforma en algo para leer en las novelas baratas. Los cónyuges se relacionan como si fueran compañeros de cuarto que comparten un amorío ocasional de una noche. Juntos enfrentan muchos años de desencanto y frustración.

UNA AMPLIA PERSPECTIVA DE TU MUNDO

1 Tómate un tiempo a solas para calificar el factor romance en las siguientes etapas de la relación con tu cónyuge. Califica cada etapa del 1 al 10 (10 para fuertes sentimientos y expresiones románticas y 1 para la falta de sentimientos o expresiones).

Etapa de tu relación	*Clasificación*
Durante el primer año de noviazgo	________
Durante el compromiso	________
Durante nuestro primer año de matrimonio	________
En la actualidad	________

¿Qué factores contribuyeron a los cambios en tu clasificación?

¿Qué sentimientos surgen al ver estos cambios? (¿Tristeza, sorpresa, desilusión, emoción?)

UN RETRATO BÍBLICO

Lee Cantar de los Cantares 4

2 Este libro de la Biblia es una de las canciones de amor más grande que jamás se haya escrito. Expresa un

profundo romance, intimidad y amistad que la mayoría de nosotros solo sueña con tener en un matrimonio. ¿Qué sentimientos experimentas al leer este pasaje?

3 ¿Cómo crees que se siente Dios respecto al amor romántico y apasionado entre un esposo y una esposa?

DEFINIR EL ENFOQUE

Lea la Instantánea «Factores que destruyen el romance»

Factores que destruyen el romance

Existen muchas cosas que pueden destruir el romance y la emoción en un matrimonio. Aquí hay algunas con las que muchas parejas lidian:

La maldición de la familiaridad. Tristemente, a menudo cuidamos y consentimos las cosas nuevas: autos, casas, ropa y hasta relaciones. Pero con el tiempo dejamos de ejercitar ese mismo cuidado y preocupación. La familiaridad engendra la haraganería, y ya no nos tomamos el tiempo para nutrir a nuestro cónyuge.

Una falsa sensación de seguridad. A veces los cónyuges se esfuerzan mucho durante la etapa del enamoramiento de una relación, pero luego creen que ya ganaron el premio y no necesitan esforzarse en la relación, ¡está asegurada!

Cansancio físico. Seamos francos, con frecuencia simplemente nos sentimos demasiado cansados para poner mucha energía y creatividad en nuestro matrimonio. Mientras eran novios, las parejas permanecían despiertas conversando hasta las 2 a.m. Ahora les es difícil estar despiertos pasadas las 10 p.m.

Demasiadas responsabilidades. Los horarios están repletos hasta el punto de sobrecargarse. Los niños, las carreras, la iglesia, la comunidad y las responsabilidades personales llenan nuestros horarios, y simplemente no tenemos tiempo para estar juntos como solíamos hacerlo.

Las cargas financieras. Hipotecas, pagos del vehículo, criar a los hijos y una lista de otros gastos pueden abrumarnos y hacernos difícil la tarea de ser tan creativos en nuestra relación como lo fuimos en aquellos primeros días. Las tensiones económicas a menudo se traducen en tensiones matrimoniales.

4

Tómate un tiempo para reflexionar y responder a cada uno de los «factores que destruyen el romance» mencionados abajo. ¿Cuántos de estos estás experimentando en tu vida y matrimonio hoy en día?

Factores que destruyen el romance	*¿Es esto un factor en tu matrimonio actualmente?*
• Sentir que las cosas se han vuelto muy familiares	_____ Mucho _____ Algo _____ Para nada
• Sentirse demasiado seguro	_____ Mucho _____ Algo _____ Para nada
• Cansancio físico	_____ Mucho _____ Algo _____ Para nada
• Demasiadas responsabilidades	_____ Mucho _____ Algo _____ Para nada
• Cargas financieras	_____ Mucho _____ Algo _____ Para nada

¿Qué otros «Factores que destruyen el romance» has experimentado?

5 Si tuviste que responder con honestidad «mucho» a dos o tres ítemes de la lista de «Factores que destruyen el romance», no te sorprendas si no estás experimentando más intensamente el momento romántico en tu matrimonio. Si respondiste «mucho» a cuatro o cinco ítemes de la lista, probablemente *no estés* experimentando mucho romance en tu relación.

¿Qué puedes hacer para sacar algunos de estos ítemes de tu lista y pasar a una relación matrimonial más romántica?

Lea la Instantánea «Cambio de marcha»

Cambio de marcha

En este momento debo ser honesto y decir que en este punto de nuestra sesión estoy hablando más para los hombres que para las mujeres. Algunos matrimonios han perdido su romance porque la mujer ha vivido la peor de sus pesadillas. Se ha casado con un hombre que la conquistó con palabras tiernas, flores, cenas románticas y paseos por la playa a media noche. Ella pensaba que siempre sería así. Ahora, él apenas se comunica, nunca compra flores, se queda dormido frente al televisor y ya no parece estar interesado en las caminatas nocturnas. Se ha ido el hombre con quien ella se casó. ¿Qué ocurrió?

Me temo que muchos hombres vemos el matrimonio como un trabajo por terminar. Una vez que tenemos a nuestra esposa, se lanzan por la ventana todas las armas para enamorar: buenos modales, flores, poemas de amor y cenas agradables. Estas cosas solo eran estrategias de cacería.

Este cambio en los esposos a menudo causa esposas confundidas y hasta resentidas. Esto también puede ocurrir al revés. Algunos hombres observan cómo sus esposas cambian después del día de la boda y sienten el mismo tipo de resentimiento.

6 Toma unos minutos para orar y reflexionar en las siguientes preguntas:

¿Cuáles eran algunas de las cosas que yo solía hacer durante nuestro noviazgo y compromiso que dejé de hacer después de casarnos?

¿Qué promesas le hice a mi cónyuge antes de casarnos que no he cumplido después de casarnos?

Si le he fallado a mi cónyuge en cualquiera de estas maneras, ¿qué puedo hacer para arreglar la situación?

7 Tomen un tiempo como pareja para hablar sobre lo siguiente:

Si «cambiaste la marcha» después de casarte y sientes que podrías haber herido a tu cónyuge en el proceso, toma tiempo para admitir que reconoces tu error y déjale saber a tu cónyuge que lo sientes.

Si no cumpliste las promesas que le hiciste a tu cónyuge, ¿qué harás para arreglar la situación y ser una persona de palabra?

8 ¿A qué cosas nuevas se han comprometido como pareja? ¿Se sentirían cómodos contándoselas al grupo? Hablar sobre sus compromisos con otros fomentará un respaldo saludable y les permitirá a los demás apoyarlos en oración y ánimo.

Pídele a tu grupo que te anime, apoye y mantenga responsable durante el proceso de cumplir esos compromisos.

SITÚATE EN EL CUADRO

Mi mejor momento

Los horarios apretados y el cansancio físico pueden matar el romance en el matrimonio. Conversen como pareja sobre qué día de la semana y en qué momento del día podrían decir que es su «mejor momento». ¿Cuándo se sienten frescos, despabilados y con un alto nivel de energía? Para la próxima semana intenten planificar una cita o un tiempo juntos que refleje el hecho de darse mutuamente su mejor momento. Podrían sorprenderse del impacto positivo que esto ejerce en su tiempo como pareja.

Los viejos y buenos tiempos

Las tensiones económicas a menudo pueden obstaculizar el romance. Algunas parejas evitan las salidas por causa de los gastos. Siéntense como pareja y hagan una lista de por lo menos cinco cosas que pueden hacer en una cita con diez dólares o menos. Planifiquen dos de esas cosas para el siguiente mes y llévenlas a cabo.

SOPLA LAS LLAMAS DEL MATRIMONIO

REFLEXIONES DE LA SESIÓN 4

1. ¿Cuál dirías que es tu mejor momento en el curso del día y de la semana? ¿En qué momento te sientes más fresco y a gusto? ¿Qué estás haciendo para darle algo de tu mejor momento a tu cónyuge y a la formación del matrimonio?
2. Si recientemente saliste con tu cónyuge en una cita creativa y económica, háblale a tu grupo al respecto para que ellos aumenten la creatividad en sus citas con sus cónyuges.

EL GRAN PANORAMA

Una noche de un miércoles de mayo de 1989, Lynne y yo guardamos el equipaje en nuestro auto e iniciamos el viaje hacia un sitio donde pasaríamos nuestro quinceavo aniversario de boda. Luego de más de tres horas en la carretera y una parada en un restaurante abierto durante toda la noche en el que nos comimos un postre, terminamos en la playa de South Haven. Ese es el mismo lugar al que fuimos en nuestra primera cita una década y media antes.

Ahí estaba el mismo malecón en el que nos habíamos sentado. El mismo faro bajo el cual conversamos. La misma luna cuya belleza admiramos. Eran las 3 a.m. Nos sentamos en la playa y escondimos nuestros dedos en la arena mientras observábamos las olas que mecían la empapada ribera a la luz de la luna. Con cada ola, llegaba un recuerdo que chocaba en nuestra conciencia. Un recuerdo de un portazo y un cortejo cancelado. De hacer y deshacer una boda de carnaval. Un recuerdo del gozo por el nacimiento de un bebé y de las lágrimas esparcidas en una caja de galletas en casa. Recuerdos de críticas y juicios y de celebrar la singularidad. Recuerdos de los sentimientos sofocados por el dolor y suscitados por el romance.

Teníamos diecisiete años cuando por primera vez nos sentamos juntos en esa orilla del lago Michigan, y éramos ingenuos. Preveíamos solo días soleados. A los treinta y siete años, las tormentas, los rayos y ventarrones habían demolido y finalmente destruido nuestra ingenuidad. Sin embargo, aunque nuestra ingenuidad no sobrevivió, nosotros sí sobrevivimos. Habíamos enfrentado la realidad cara a cara, mirándola fijamente. Perseveramos, nos esforzamos y ganamos. Nos sentamos en esa playa siendo más fuertes, más maduros, más tolerantes y más enamorados que nunca.

UNA AMPLIA PERSPECTIVA DE TU MUNDO

1 Al recordar y pensar en las etapas de enamoramiento y matrimonio, ¿qué momentos recuerdas con afecto? ¿Por cuáles experiencias y luchas vividas te sientes agradecido?

UN RETRATO BÍBLICO

Lee 1 Corintios 7:3-5

2 ¿Qué enseña este pasaje acerca de la expresión sexual en la relación matrimonial?

3 El apóstol Pablo dice que después que una pareja se separa durante un tiempo, debe «volver a unirse nuevamente». Una de las razones para esta exhortación es que Satanás no los tiente. ¿Qué problemas y tentaciones puede enfrentar una pareja cuando se abstiene de la intimidad sexual durante períodos prolongados?

¿Cuándo es apropiado para una pareja abstenerse de la intimidad sexual?

DEFINIR EL ENFOQUE

Lea la Instantánea «Hablen, hablen, hablen»

Hablen, hablen, hablen

Los sentimientos se cultivan mejor a través de la conversación, así que es por ahí donde necesitamos comenzar. Las parejas deben dedicarse a hablar, sobre cualquier cosa, todas las cosas, cosas importantes, cosas triviales, cosas agradables, cosas perturbadoras. El romance empieza con el conocimiento sobre el otro, y la clave del conocimiento es una comunicación abierta, honesta y sólida.

¿Es de sorprenderse que perdamos la calidez de nuestras relaciones cuando solo hablamos a la carrera, cuando nos dejamos notas en la mesa de la cocina y mensajes en la contestadora? Con demasiada frecuencia los cónyuges no sienten amor entre sí porque ya *no se conocen* entre sí. No conocen los temores y los sueños del otro ni sus metas, desilusiones y planes. No saben qué ocurre a lo largo del día en la vida de su pareja. No están al tanto de las alegrías, el estrés, las responsabilidades y los logros que llenan el mundo de sus cónyuges. La verdad es que la llama del matrimonio comienza a apagarse cuando dejamos de hablar.

4 ¿En qué momentos del día o de la semana encuentras tiempo con tu cónyuge, de forma espontánea, para hablar?

¿Cuáles son los temas que tienden a predominar en sus conversaciones?

¿Qué puedes hacer para pasar más tiempo conversando?

Lea la Instantánea «No entierres tus heridas»

No entierres tus heridas

Si el romance en tu matrimonio ha recibido un golpe casi mortal, tus conversaciones, sin duda, tendrán que comenzar a enfocarse en hostilidades escondidas. Si tú eres como Lynne y como yo, probablemente estarás tentado a pasar esto por alto y dirigirte a conversaciones más placenteras. «El pasado es el pasado», dices. «Olvidémoslo y sigamos hacia el futuro». Pero eso no funciona. Las heridas subterráneas socavarán hasta tus más serios intentos por reconstruir el romance, y tú terminarás más frustrado que al inicio.

No es realista esperar que en una sola conversación se disipen las emociones negativas que se crearon durante una cantidad de años. Las personas que resultaron dañadas en lo más profundo necesitan darse la libertad de expresar su herida, de forma constructiva, una y otra vez si fuera necesario. Aquellos que causaron el dolor necesitan escuchar pacientemente y entender que a pesar de que ahondar en el pasado puede ser doloroso y parecer, a veces, contraproducente, es esencial para reconstruir el romance.

5

¿Por qué es esencial lidiar con los sentimientos heridos y hablar al respecto en lugar de intentar enterrarlos?

Lea la Instantánea «Corteja creativamente»

Corteja creativamente

Después de deshacerse de las hostilidades escondidas y aprender de nuevo qué significa conversar, puedes comenzar a cortejar creativamente. La mayoría de las parejas dejan de lado los regalos de boda y los días de cortejo. Pero si tú deseas reconstruir el romance, necesitas cortejar de nuevo. Afortunadamente, cortejar es como andar en bicicleta: puedes perder la práctica, pero nunca olvidas cómo hacerlo.

Estas son algunas sugerencias sobre cómo puedes comenzar a cortejar a tu cónyuge nuevamente:

- Escríbele una breve carta de amor a tu cónyuge para recordarle lo mucho que significa para ti.
- Llama a tu cónyuge durante el día con el simple propósito de decirle «Te amo».
- Comunica tu amor con toques no sexuales: un abrazo, un beso, un masaje en la espalda o simplemente tomarse de las manos sin expectativas de continuar la intimidad.
- Dale regalos inesperados: flores, dulces o cualquier otra cosa que toque su corazón
- Haz tiempo para salir con tu cónyuge. Sé creativo y salgan juntos con frecuencia.
- Encuentra la oportunidad para servirse mutuamente. ¿Qué puedes hacer para sobrellevar la carga que tu cónyuge lleva a diario?
- Anima e inspira a tu cónyuge. Todos deben saber que tú eres un fanático de tu cónyuge.

6

Habla acerca de una de las citas más inolvidables que tú y tu cónyuge experimentaran.

De todos los ítemes enumerados en la Instantánea anterior, ¿cuál para ti comunica mejor el amor y por qué?

Lea la Instantánea «El lenguaje del amor»

El lenguaje del amor

Para algunas personas, el tacto es el lenguaje principal del amor. Sus cónyuges pueden decirles «Te amo» veinte veces al día y demostrárselo a través de innumerables actos de gentileza, pero sin un abrazo o un beso o un apretón, no se sienten amadas. Otras personas necesitan escuchar expresiones verbales de amor. Necesitan oír en términos concretos por qué sus cónyuges las aman. «Soy feliz por haberme casado contigo porque…» La frase les asegura que sus cónyuges reconocen y aprecian su individualidad. El servicio es otra cosa que hace que las personas se sientan amadas. Estas personas responden mejor al afecto que se revela en términos prácticos: preparar una comida, cortar el césped, reparar el grifo, hacer un mandado, ayudar en una tarea desagradable. Ven los actos de servicio como un indicador de lo que hay en el corazón de sus cónyuges. Los regalos hacen que otras personas se sientan amadas, no por su costo sino por la atención personal y el pensamiento que se adhieren a los regalos. Estas personas disfrutan, y hasta necesitan, recordatorios *tangibles* del amor de sus cónyuges. Finalmente, *pasar tiempo* juntos hace que otras personas se sientan amadas. En particular, no les importa lo que ellos y sus cónyuges hagan, siempre y cuando estén juntos. El hecho que sus cónyuges aparten bloques ininterrumpidos de tiempo les asegura que son una alta prioridad en sus vidas. La clave es aprender qué significa «Te amo» para tu cónyuge y decirlo fuerte, con claridad y con frecuencia.

7 En tu opinión, ¿qué habla el lenguaje del amor? ¿Cómo se siente escuchar ese lenguaje?

Para tu cónyuge, ¿qué habla el lenguaje del amor con mayor claridad?

¿Qué puedes hacer en los próximos días para hablar el lenguaje del amor fuerte y claramente ante tu cónyuge?

SITÚATE EN EL CUADRO

UNA CITA CREATIVA

En el próximo mes planifiquen una salida nocturna. Establezcan una cantidad de dinero a la que se van a limitar y sean creativos. La persona que planifique la cita debe decirle al cónyuge a qué hora debe estar listo y cómo debe vestirse (casual o formal). Mientras planificas la cita, piensa creativa y románticamente y piensa en tu cónyuge.

APRENDE A HABLAR Y APRENDE A ESCUCHAR

Muy a menudo las parejas hablan solamente a la carrera o en breves y fragmentadas secciones de tiempo en medio de todas las ocupaciones de la vida. Aparten secciones de dos horas de duración para estar juntos en las próximas semanas. Escojan un momento de primera calidad en el que estén frescos y llenos de energía. En cada uno de los momentos designen quién estará a cargo de dirigir la conversación. Esto significa que el encargado podrá escoger el tema de conversación durante una hora. Ambos necesitan estar de acuerdo en apegarse al tema que el líder de la conversación escogió. Prepara buenas preguntas que abran la puerta para una conversación que tenga sentido.

VIVIR EN UNA CRISIS CONSTANTE

REFLEXIONES DE LA SESIÓN 5

1. Si has tratado de desarrollar el hábito de hacer citas con tu cónyuge y asegurarte de salir con frecuencia (esto significa ustedes dos solos, sin los niños), ¿cómo ha impactado tu relación el compromiso de hacer citas?
2. Si apartaste dos bloques de tiempo para una conversación guiada y para escuchar, tal y como se describe al final de la última sesión, ¿qué aprendiste sobre tu estilo para comunicarte? ¿Qué aprendiste sobre el estilo de tu cónyuge para comunicarte?

EL GRAN PANORAMA

Era una mañana de diciembre, hace varios años. Me dirigí temprano a la oficina para terminar el sermón que debía predicar esa noche en la iglesia. A las 5:30 a.m. me encontraba en la página doce de mi mensaje. A la 1:30 p.m., estaba en la página ocho. Tenía un gran problema. Para complicar las cosas, esa misma tarde debía oficiar una boda ante quinientas personas y no había pensado en lo que le diría a esa joven pareja, a sus familiares y amigos invitados a la boda. Pensé en mi mensaje inconcluso, en la boda y en el servicio de la iglesia de esa noche, y en un momento de total frustración, apoyé mi cabeza sobre el escritorio y lloré.

Casi antes de que cayera la primera lágrima sobre el escritorio, me recordé a mí mismo que descomponerme era una forma ridícula de perder el tiempo, y rápidamente me incorporé. Pero en ese breve momento de pérdida de la serenidad, me enteré de la verdad: se estaban desmoronando las ruedas de mi cuidadosamente armada carreta.

Ese otoño nuestra iglesia había agregado otro servicio semanal, lo que significaba que yo enseñaba los miércoles, los jueves y los sábados por la noche, además de los dos servicios matutinos de los domingos. Entre la preparación de los mensajes y la enseñanza de los mismos, metí a estrujones una aumentada carga de tareas administrativas y compromisos de viaje. Pensé que estaría a la altura del desafío de enfrentar un horario de enseñanza incrementado. Había cargado los meses del otoño para estar corriendo en la carrera del Reino tan ardua y rápidamente como nunca lo había hecho antes. Pero de repente, parecía que no podía correr para nada.

Cojeé durante todo el otoño y resistí hasta las vacaciones navideñas. Me fui con mi familia a lo que se esperaba que fuera un tranquilo retiro familiar. Por el contrario, debido a sucesos inesperados, terminamos en un hotel caótico. Era el tipo de lugar donde tienes que esperar veinte minutos para entrar al elevador, y cuando el elevador llega, está tan lleno que no puedes entrar en él. Esa fue la gota que colmó la copa. Durante toda esa semana estuve en un moderado estado de frenesí. Cuando llegamos a casa, me fui yo solo a Wisconsin durante tres días para recuperarme, pensar y orar. «Dios, ¿qué me está pasando? No entiendo qué está ocurriendo en mi vida, pero siento que me estoy hundiendo. Ayúdame».

Me pasé el siguiente año uniendo los pedazos de mi vida. Al delegar ciertas responsabilidades ministeriales, pude continuar trabajando, pero a una velocidad bastante reducida. El resto de mi tiempo lo dediqué a la curación personal y a la muy atrasada tarea de reflexionar en el patrón de vida que finalmente me había llevado al punto de caer vencido.

UNA AMPLIA PERSPECTIVA DE TU MUNDO

1 Habla sobre un momento de tu vida en que sentiste que tu horario y tu vida estaban tan ocupados que tuviste que decidir entre disminuir la velocidad o temer que te fundirías.

¿Qué cambios puedes hacerle a tu horario para disminuir la velocidad de tu vida en este momento?

UN RETRATO BÍBLICO

Lee el Salmo 46.

2 ¿Cuál es el cuadro que este Salmo pinta en tu mente sobre cómo puede ser la vida?

Según este Salmo, ¿cómo los seguidores de Cristo pueden hallar paz y calma en medio de la tormenta?

3 Este Salmo habla sobre una serie de problemas: la tierra es removida y los montes traspasados, naciones enfrentando tumultos y otras señales de alboroto y estrés. ¿Qué cosas en tu vida y en tu horario hacen que tu vida se mantenga tensa en este momento?

¿Qué haces para contribuir a ese estrés?

DEFINIR EL ENFOQUE

Lea la Instantánea «Atascado en la zona roja»

Atascado en la zona roja

instantáneas

Vivir en una crisis constante es pasar todo momento del día como un malabarista, tratando de mantener las pelotas dando vueltas en el aire y los platillos girando sin caerse. En la crisis constante tú te mantienes corriendo más y más rápidamente, de proyecto en proyecto, de fecha límite en fecha límite, de cuota en cuota, de reunión en reunión, de actividad en actividad, de práctica en práctica. Tus revoluciones por minuto se incrementan hasta llegar a la zona roja de peligro.

La mayor parte de las personas activas tienen que pasar una cierta cantidad de tiempo en una crisis constante. Simplemente la vida se vuelve de esa manera: para los contadores en plena temporada de declaración de impuestos; para quienes reparan unidades de aire acondicionado en pleno verano en la calurosa ciudad de Phoenix, Arizona; para los que se empecinan en tomar el examen de abogacía; para aquellos padres cuyos hijos comienzan a padecer viruela; para quienes tienen dos semanas para cumplir una cuota de ventas.

El problema surge cuando tú pasas mucho tiempo en una crisis constante. Entonces es que la crisis constante deja de ser una etapa de la vida para convertirse en una manera de vivir. Cuando eso sucede, si tú mantienes la aguja atascada en la zona roja de peligro, semana tras semana, mes tras mes, entonces comienzas a hacer la única cosa que se puede hacer: economizar. Haces trampa con tu inversión de energía en ciertos aspectos de tu vida para entonces invertir en otros aspectos, usualmente en los que están orientados al desempeño a las cuales está atada tu autoestima. Lo único que interesa es mantener todas esas pelotas importantes dando vueltas en el aire y esos platillos significativos girando sin caerse. De ahí que usas toda tu energía en la consecución de esas hazañas. En los otros aspectos de tu vida te vuelves avaro; guardas tu energía, te comprometes poco, tocas de manera superficial, te deslizas por la superficie, las *rozas*.

4 ¿Cuáles son las posibles consecuencias de mantener las revoluciones por minuto de tu vida atascadas en la zona roja de peligro durante tanto tiempo?

- En tu vida espiritual

- En tus relaciones con tu cónyuge y tus hijos

- En tu salud física

- En tu salud emocional

Lee la Instantánea «Un corazón encogido»

Un corazón encogido

El desgaste emocional que provoca el vivir en una crisis constante eventualmente produce un *corazón encogido*. Se trata de un corazón que no adora tan auténticamente como antes lo hacía ni ama a Dios tan apasionadamente como solía hacerlo. Es un corazón que ya no es sensible a las necesidades de los demás, un corazón que ha perdido la llama de la compasión.

Mientras los corazones de los cristianos saludables siguen ensanchándose para abarcar más el corazón de Cristo, los corazones de los cristianos en una crisis constante se encogen y se debilitan. Un hombre de nuestra iglesia dijo: «Usted tiene razón en cuanto a la crisis constante. Tengo un mayor número de empleados, un presupuesto incrementado, un edificio y una casa más grandes y una cuenta bancaria mayor a la que tenía hace cinco años. Y todo lo que tengo para mostrar es una caverna hueca donde solía estar mi corazón».

5 ¿Has visto como tu corazón se ha encogido y endurecido en esas épocas en las que viviste en una crisis constante durante una cantidad de tiempo prolongado?

¿Cómo esto afectó tu matrimonio?

¿Qué hizo que se revirtiera esta situación y tu corazón se enterneciera nuevamente?

Lee la Instantánea «Opta por una recarga gradual»

Opta por una recarga gradual

Si tuvieras que entrar en tu garaje y encender cada accesorio de tu auto, probablemente podrías consumir la batería en cuestión de cinco minutos. Para recargarla, tendrías dos opciones. En primer lugar está la recarga rápida. Este es el método de rápida acción que puede hacer que tu auto arranque en un tiempo récord, pero si se usa con frecuencia, puede quemar las placas de la batería. En segundo lugar está el método que todos los mecánicos responsables sugieren: la recarga completa. Mediante este proceso, recargar una batería hasta llegar a su potencia completa tarda de seis a ocho horas, pero sin quemar las placas. Se reemplaza la energía perdida y se preserva la vida de la batería.

Las baterías emocionales consumidas también necesitan una recarga completa. Una recarga completa tiene que ver con determinar lo que lo reabastece emocionalmente y luego incorporar eso a tu horario. Esto también tiene que ver con espaciar tus responsabilidades emocionalmente desgastantes de tal forma que puedas recargar por completo hasta llegar a la plenitud emocional incluso en medio de esas responsabilidades. Este no es un desafío insignificante en nuestra cultura.

6 ¿Qué cosa recarga tu batería y le da frescura a tu vida?

¿Qué podrías hacer en el próximo mes para incorporar más de esto en tu estilo de vida?

7

¿Qué cosas tienden a consumir tu batería y a desgastarla?

¿Cómo podrías eliminar algunas de esas cosas de tu agenda durante el próximo mes?

Lee la Instantánea «Atrévete a simplificar tu vida»

Atrévete a simplificar tu vida

instantáneas

¿Están bajas tus baterías emocionales? ¿Se encogió tu corazón? ¿Se extinguió el amor en tus relaciones? ¿Crees estarte dirigiendo al desmoronamiento?

Si estás viviendo en una crisis constante, abre tus ojos. Esto te alcanzará y socavará tu matrimonio y tu vida familiar. Así que, por favor, no te apresures a ir de una actividad emocionalmente desgastante a otra. No vivas tan rápidamente como para jamás tener tiempo para reabastecerte de oportunidades para la recreación y el establecimiento de tus relaciones. No dejes de lado tu necesidad de una recarga completa.

Es posible que también necesites hacer algunos cambios radicales en tu vida. Quizá necesites revisar tus responsabilidades laborales, o desligarte de compromisos de viaje. Tal vez necesites renunciar a alguna junta directiva o darte de baja en alguna clase extra. Otra respuesta podría ser rehusarte a asumir demasiados proyectos o solicitar ayuda o disminuir tus metas. Quizá hasta tengas que aceptar una reducción en tu estatus laboral o decir «no» a una maravillosa oportunidad, o a un puñado de oportunidades. ¿Qué tan buena es, después de todo, una oportunidad que te lanza a vivir en una crisis constante? ¿Qué tan bueno es un estilo de vida que nunca te proporciona tiempo para disfrutar la vida?

8 Si en este momento estás viviendo en una crisis constante, o si sientes que te estás dirigiendo a esta, ¿qué cosas específicas puedes hacer para simplificar tu vida antes de que las cosas empeoren?

Como grupo, comprométanse a apoyarse los unos a los otros en las constantes crisis en que viven, y manténganse responsables a fin de tomar decisiones sabias y establecer prioridades apropiadas para el estilo de vida.

SITÚATE EN EL CUADRO

AYUDA A TU CÓNYUGE A RECARGAR SU BATERÍA

Emplea un tiempo durante la próxima semana para pedirle a tu cónyuge que escriba una lista de cinco cosas que tú puedes hacer para ayudarlo/a a sobrellevar sus cargas y recargar su batería. Copia esa lista en el espacio de abajo y establece metas personales para trabajar en una de ellas o en más de una durante el siguiente mes.

Toma un tiempo durante la próxima semana para pedirle a tu cónyuge que, de manera gentil pero honesta, escriba una lista de tres cosas que tú haces y que pueden consumir tu batería. Copia la lista en el espacio de abajo y establece metas personales para evitar hacer esas cosas durante el siguiente mes.

Notas para el líder

Dirigir un tema bíblico, especialmente la primera vez, te puede hacer sentir nervioso y emocionado. Si eres nervioso, entiende que estás bien acompañado. Muchos líderes bíblicos, tales como Moisés, Josué y el apóstol Pablo, se sintieron nerviosos e inadecuados para dirigir a otros (ver, por ejemplo, 1 Corintios 2:3). Sin embargo, la gracia de Dios fue suficiente para ellos, igual que lo será para ti.

Es también natural que haya alguna emoción. Tu liderazgo es un don para los demás del grupo. Sin embargo, recuerda que otros participantes también comparten la responsabilidad del grupo. Tu papel es simplemente estimular los comentarios haciendo preguntas y motivando la respuesta de las personas. Las sugerencias que se mencionan a continuación te pueden ayudar a ser un líder eficaz.

Prepárate para dirigir

1. Pídele a Dios que te ayude a comprender y aplicar el pasaje a tu propia vida. Si esto no sucede, tú no estarás preparado para dirigir a otros.
2. Trabaja con cuidado en cada pregunta de la guía de estudio. Medita y reflexiona en el pasaje a medida que formules tus respuestas.
3. Familiarízate con las Notas para el Líder de cada sesión. Esto te ayudará a entender el propósito de la sesión y te proveerá información de valor acerca de las preguntas en la sesión. Las Notas para el Líder no son para leer al grupo. Estas notas son principalmente para tu uso como líder del grupo y para tu preparación. Sin embargo, si encuentras una sección que se relacione bien con tu grupo, tal vez quieras leer una breve porción o motivarlos a leer esta sección en otro momento.
4. Ora por los miembros del grupo. Pídele a Dios que use estas sesiones para hacerlos mejores discípulos de Jesucristo.
5. Antes de la primera sesión, asegúrate de que cada persona tenga una guía de estudio. Motívalos a prepararse antes de cada sesión.

GUIAR LA SESIÓN

1. Comienza la sesión a tiempo. Si las personas entienden que la sesión comienza a tiempo, se esforzarán más por llegar a tiempo.
2. Al comienzo de la primera vez juntos, explica que estas sesiones se crearon para hacer comentarios, no para dar una conferencia. Motiva la participación de todos y cada uno, pero comprende que tal vez algunos duden hablar durante las primeras sesiones.
3. No le temas al silencio. Es posible que los miembros del grupo necesiten un tiempo para pensar antes de responder.
4. Evita contestar tus propias preguntas. Si es necesario, repite la pregunta con otras palabras hasta que se entienda con claridad. Hasta un grupo entusiasta pronto se convertirá en pasivo y silente si creen que el líder es quien hablará la mayor parte del tiempo.
5. Motiva más de una respuesta para cada pregunta. Pregunta, «¿Qué cree el resto de ustedes?» o «¿Alguien más?» hasta que varias personas tengan la oportunidad de contestar.
6. Procura afirmar al grupo cada vez que sea posible. Deja que la gente sepa que tú aprecias sus ideas respecto al pasaje.
7. Nunca rechaces una respuesta. Si está completamente equivocado, pregunta: «¿Qué versículo te llevó a esa conclusión?» O permite que el grupo maneje el problema preguntando qué piensan acerca de la pregunta.
8. Evita irte por la tangente. Si la gente se sale de su curso, tráelos gentilmente de vuelta al pasaje que se está considerando.
9. Concluye estos momentos juntos con una oración conversacional. Pídele a Dios que te ayude a aplicar lo que aprendiste en la sesión.
10. Termina a tiempo. Esto será más fácil si tú controlas el ritmo de los comentarios no empleando demasiado tiempo en algunas preguntas ni muy poco en otras.

Animamos a todos los líderes del grupo pequeño a usar *Leading Life-Changing Small Groups* (Zondervan) por Bill Donahue y el Equipo de grupos pequeños de Willow Creek mientras dirigen su grupo. Willow Creek Community Church desarrolló esta guía, que es una fuente excelente, y la usa con el fin de preparar y capacitar a los seguidores de Cristo para dirigir eficientemente a los grupos pequeños. Esta incluye información de valor sobre cómo utilizar en tu grupo ejercicios divertidos y creativos que crean relaciones; cómo planear tu reunión, cómo distribuir la carga del liderazgo identificando, desarrollando y trabajando con un «líder aprendiz» y cómo encontrar maneras creativas para hacer oraciones en grupo. Además, el libro incluye material y sugerencias para manejar conflictos potenciales y personalidades difíciles, formar pactos para los grupos, invitar a nuevos miembros, mejorar las habilidades para escuchar, estudiar la Biblia y mucho más. El uso de *Leading Life-Changing Small Groups* te ayudará a crear un grupo del que los miembros les encantará ser partícipes.

Ahora vamos a comentar los elementos diferentes de esta guía de estudio para grupos pequeños y cómo usarlos para la porción de la sesión de la reunión de tu grupo.

El gran panorama

Cada sesión comenzará con una historia breve o un repaso del tema de la lección. Este se llama «El gran panorama» porque presenta el tema central de la sesión. Será necesario que lean esta sección como grupo o que le pidas a los miembros del grupo que lo lean por su cuenta antes de comenzar los comentarios. Aquí están las tres maneras en que puedes desarrollar esta parte de la sesión del grupo pequeño:

- Ya que eres el líder del grupo, lee esta sección en voz alta para todo el grupo y luego pasa a las preguntas en la próxima sección: «Una amplia perspectiva de tu mundo». (Tal vez la primera semana tú la puedes leer, pero luego usa las otras dos opciones siguientes para motivar la participación del grupo.)
- Pídele al grupo que un voluntario lea esta sección. Esto le dará participación a otro miembro del grupo. Es mejor hacer esta petición por adelantado para darles tiempo a leer la sección antes de leerla en el grupo. También es bueno pedir que sea un voluntario, en lugar de asignarle esta tarea a alguien. Algunas personas no se sienten cómodas leyendo frente a un grupo. Después que un miembro del grupo haya leído esta sección en voz alta, pasa a las preguntas de los comentarios.
- Concede un tiempo al principio de la sesión para que cada persona lea esta sección en silencio. Si haces esto, asegúrate de que cada uno tenga suficiente tiempo para terminar de leer, pensar en lo que leyeron y estar listos para hacer comentarios significativos.

Una amplia perspectiva de tu mundo

Esta sección incluye una o más preguntas que lleva al grupo a una discusión general del tópico de la sesión. Estas preguntas se crearon para ayudar a los miembros del grupo a comenzar los comentarios del tópico de una manera abierta y honesta. Una vez que quede establecido el tema de la lección, sigue al pasaje de la Biblia para la sesión.

Un retrato bíblico

Esta porción de la sesión incluye una lectura de la Biblia y una o más preguntas que ayudarán a los miembros del grupo a ver cómo el tema de la sesión está enraizado y basado en la enseñanza bíblica. La lectura de la Biblia se puede hacer igual a la sección de «El Gran Panorama»: Tú lo puedes leer para el grupo, pedirle a un miembro que lo lea, o dar un tiempo para que lo lean en silencio. Asegúrate de que cada uno tenga una Biblia o de tú tener Biblias disponibles para aquellos que las necesiten. Una vez que hayas leído el pasaje, haz las preguntas de esta sección de manera que esos miembros del grupo puedan analizar la verdad que presenta la Biblia.

Definir el enfoque

La mayoría de las preguntas de los comentarios para la sesión están en esta sección. Estas preguntas son prácticas y ayudan a los miembros del grupo a aplicar la enseñanza bíblica a sus vidas diarias.

Una Instantánea

La «Instantánea» en cada sesión ayuda a preparar a los miembros del grupo para los comentarios. Estas anécdotas dan una perspectiva adicional al tema que se está tratando. Cada «Instantánea» se debe leer en un momento designado de la sesión. Este está claramente marcado en la sesión al igual que en las Notas para el Líder. De nuevo, sigue el mismo formato de la sección «El gran panorama» y la sección «Un retrato bíblico»: Tú lees la anécdota, o haces que un voluntario de los miembros del grupo la lea o provees un tiempo para la lectura en silencio. Como quiera que abordes esta sección, encontrarás que estas anécdotas son muy útiles para desencadenar diálogos vivos y llevar los comentarios en una dirección significativa.

Sitúate en el cuadro

Aquí es donde ustedes se arremangan la camisa y ponen la verdad en acción. Esta porción es muy práctica y orientada a la acción. Al final de cada sesión habrá sugerencias para una o dos maneras en que los miembros del grupo pueden poner en práctica lo que acaban de aprender. Revisa las metas en acción al final de cada sesión y desafía a los miembros del grupo a trabajar en una o más de ellas durante la próxima semana.

Al principio de la sesión siguiente, encontrarás preguntas de seguimiento para la sección «Sitúate en el cuadro». Luego de comenzar con la segunda semana, encontrarás al principio de la sesión un tiempo dedicado a recordar y hablar acerca de cómo procuraste aplicar la Palabra de Dios en tu vida desde la última vez que se reunieron.

Oración

Vas a desear comenzar y terminar tu grupo pequeño con un tiempo de oración. A veces, en la sesión, encontrarás instrucciones específicas para saber cómo hacer esto. Sin embargo, la mayor parte del tiempo necesitarás decidir cuál es el mejor momento para detenerte y orar. Tal vez quieras orar o pedirle a un miembro voluntario en el grupo que comience la lección con una oración. O quizás quieras leer «El gran panorama» y comentar las preguntas de «Una amplia perspectiva de tu mundo» antes de comenzar en oración. En algunos casos será mejor comenzar en oración después de leer el pasaje de la Biblia. Necesitas decidir dónde crees que sea mejor para tu grupo comenzar en oración.

Al comenzar en oración, piensa en los términos del tema de la sesión y ora por los miembros del grupo (incluyéndote a ti también) pidiendo que sean sensibles a la verdad de las Escrituras y la obra del Espíritu Santo. Si tú tienes buscadores en tu grupo (personas investigando el cristianismo pero que todavía no son creyentes), sé sensible en cuanto a tus expectativas para la oración en grupo. Quizás los buscadores todavía no estén listos para participar en la oración en grupo.

Asegúrate también de terminar la reunión del grupo con un tiempo de oración. Una opción es que tú ores por todo el grupo. O tal vez concedas un tiempo para que los miembros del grupo ofrezcan oraciones audibles con las que otros estén de acuerdo en sus corazones. Otro método puede ser dejar un tiempo de silencio para oraciones individuales a Dios y luego terminar estos momentos con un simple «Amén».

APRENDE DE LA HISTORIA

GÉNESIS 2:21-25, EFESIOS 5:31-33

INTRODUCCIÓN

Nos guste o no, nuestros padres han ejercido un impacto poderoso en nuestras vidas. Nuestros patrones de conducta, opiniones, actitudes y fe a menudo reflejan lo que aprendimos en el hogar donde nos criaron. En este primer estudio veremos nuestra historia familiar y cómo nuestros padres nos han influenciado. Nuestras metas serán, en primer lugar, aprender todo lo que podamos acerca de las fortalezas en la relación de nuestros padres y, en segunda lugar, aprender sobre los escollos en los que ellos pudieron haber caído a lo largo del camino, a fin de que no sigamos el mismo sendero.

EL GRAN PANORAMA

Dedica unos momentos a leer esta introducción al grupo. Hallarás sugerencias de cómo hacerlo al principio de la sección del líder.

UNA AMPLIA PERSPECTIVA DE TU MUNDO

Pregunta Uno Al comienzo de este estudio, cuando Lynne y yo repasamos la historia, nos percatamos de que ambos estábamos equivocados. Puesto que el padre de Lynne tenía capacidades tan inusuales en esa área, Lynne tenía expectativas muy irreales sobre mí. No había forma de complacerla, simplemente yo no tenía las habilidades correctas. Además, ella siempre había visto la colaboración de su padre en las tareas hogareñas como un acto de amor e incorrectamente interpretó mi falta de voluntad para arreglar las cosas como un indicador de que a mí no me preocupaba nuestra vida hogareña. Por mi parte, puesto que mi padre no reparaba nada en la casa, yo tampoco reparaba nada, ni siquiera las cosas que realmente podía arreglar. Y, puesto que Lynne manejaba nuestras finanzas, sabía que lo más probable era que no pudiéramos pagar a un técnico. Así que había que decidir entre dejar las cosas rotas o que ella misma las arreglara. Realmente Lynne era muy hábil para reparar las cosas pero debido a mi adicción al trabajo ya estaba sobrecargada con las responsabilidades hogareñas, y ella tampoco quería convertirse en la «Señora Arréglalotodo».

Nos tomó mucho tiempo llegar al fondo de nuestras posturas extremas. Pudimos evitar muchos conflictos y frustraciones de haber hablado sobre este tema antes de casarnos. Me habría ayudado saber que en su tiempo libre el padre de Lynne armaba televisores, casas y carros. Y a Lynne la habría ayudado saber que mi padre no sabía con cuál punta de la manguera se lavaba el carro. Quizá así habríamos ajustado nuestras expectativas apropiadamente.

Mientras las reparaciones hogareñas generaban problemas, estas no eran nada comparadas al asunto de los viajes. Poco tiempo antes de nuestro primer aniversario, yo anuncié que me iba de vacaciones.

—Ah, fantástico, ¿adónde iremos?

—No, no entiendes. Dije que yo me voy de vacaciones.

—Sin mí no te irás de vacaciones.

No lograba entender su actitud. ¿Por qué era tan posesiva, aferrada, insegura, obstinada y egoísta? ¿Cuál era su problema? ¿Tenía miedo de perderme de vista? ¿Pensaba que teníamos que hacer *todo* juntos? Yo no cedería en este asunto. Mi padre solía llamar a mi madre desde el aeropuerto para informarle que se iría a Sudáfrica durante cinco semanas. ¿Por qué yo no iba a disfrutar de esa misma libertad?

Pero cuando me fui por mi cuenta (aunque durante unos cuantos días), Lynne estaba convencida de que yo no la amaba. «¿No te gusta estar conmigo?» preguntaba. «¿Estás tratando de alejarte de mí?» Al padre de Lynne le desagradaba pasar hasta solo una noche lejos de su madre. Ella no podía entender por qué en ocasiones yo buscaba la libertad de andar por mi cuenta.

En su momento, logramos adoptar un patrón que ambos disfrutamos, un patrón que se ubica en algún punto entre los extremos de nuestros padres. De hecho, hasta lo hemos virado al revés. Con frecuencia, a Lynne le gusta salir por su cuenta, mientras que a menudo me encuentro pidiéndole que viaje conmigo. Sin embargo, durante los primeros años pudimos habernos evitado mucho daño y malos entendidos de haber descubierto esta perspectiva opuesta durante la época en que éramos novios y que nos comprometimos antes de casarnos.

Un retrato bíblico

Lee Génesis 2:21-25 y Efesios 5:31-33

Pregunta Dos Permite que los miembros del grupo hablen entre sí y expresen el significado que para ellos tienen las siguientes oraciones. Cada una posee un significado distinto e importante.

- *Dejar a nuestro padre y a nuestra madre*. Esto tiene que ver con el proceso de la separación. Cuando nos casamos, son esenciales las pautas claras de separación de los hogares de procedencia. Esto no significa que dejemos de tener relaciones significativas con nuestros padres. Sin embargo, sí implica que formamos un nuevo hogar y una nueva unidad familiar. Puede haber muchos problemas si el proceso de separación no ocurre y si nuestros padres todavía controlan nuestras vidas y decisiones.
- *Unirnos a nuestro cónyuge*. Este es el proceso de la unión entre un hombre y una mujer ante Dios. Experimentamos un efecto real, que cambia la vida, cuando decimos: «¡Acepto!» Ya no funcionamos como individuos, estamos ligados a nuestro cónyuge para toda la vida. Esto es un gozo y también una gran responsabilidad. La Biblia habla sobre pactos y acuerdos. Estos contratos espirituales tienen un gran significado para Dios, y debemos tomarlos en serio.
- *Ser una sola carne*. Esta expresión tiene una carga íntima. Tiene que ver con la realidad espiritual que adquiere la intimidad física del matrimonio. Una vez que nos casamos, Dios ve la expresión de la intimidad sexual como algo hermoso que es parte de su plan perfecto. Cuando el esposo y la esposa se unen en una intimidad sexual «de una sola carne», no solo sus cuerpos se hacen uno, sino que también ocurre la unidad espiritual.

Definir el enfoque

Lee la Instantánea «Los poderes que nos moldean» antes de la pregunta 3

Pregunta Tres No planifiques hablar sobre todas estas cosas. Permíteles a los miembros del grupo escoger aquellas de las cuales desean hablar. Es posible que encuentres puntos en común, pero también es posible que te sorprendan las diferentes formas en que los padres respectivos criaron a las parejas. Aquí, la meta es permitir que algunas de estas diferencias comiencen a emerger.

Pregunta Cinco ¿Quieres aprender más sobre tu cónyuge? Entonces hablen con profundidad sobre sus respectivas familias. Hablen sobre las personalidades de su mamá y su papá, sus fortalezas, debilidades, talentos, habilidades, pasatiempos, trabajos y amistades. Hablen sobre su matrimonio. Vean cómo se llevaban entre sí, cómo se expresaban el amor, cómo resolvían conflictos y tomaban decisiones. Vean cómo manejaban las finanzas, repartían las responsabilidades del hogar y disciplinaban a los hijos.

Describan el ambiente que se vivía en su hogar. Hablen sobre cómo lidiaban con las emociones. Examinen los valores que eran prioritarios en su familia y las conductas que se recompensaban. Describan la casa en que crecieron y hablen sobre el estándar de vida de su familia. Hablen sobre las formas de recreación que su familia disfrutaba y sobre las vacaciones favoritas de la familia. Hablen sobre las experiencias que moldearon su autoestima y edificaron su confianza personal.

Hablen sobre la manera que celebraban los cumpleaños y los días feriados. Conversen sobre las prácticas de intercambiar regalos. Hablen sobre cómo se sentían cuando se enfermaban en la infancia. Describan una típica conversación durante un tiempo de comida. Recuerden las rutinas antes de irse a la cama. Hagan una lista de las tareas de las cuales eran responsables. Reflexionen acerca de cómo se relacionaban con sus abuelos, tías, tíos y primos.

Además de promover el entendimiento mutuo, estas conversaciones pueden despertar esperanzas y moldear los sueños para el futuro. Los recuerdos agradables y las tradiciones más preciadas brindan los ladrillos sobre los cuales una pareja construye su matrimonio y su vida familiar.

Lee la Instantánea «Nadie es perfecto» antes de la pregunta 6

Pregunta Seis Aunque es importante hablar sobre los aspectos más notables de la familia, es todavía más crucial hablar sobre los menos notables. Los problemas. Los recuerdos dolorosos. Las desilusiones. Las cosas que tú deseas que no se repitan jamás en tu propio hogar.

Una plática sobre los aspectos menos notables puede ser una de las conversaciones más difíciles y extrañas que una pareja pueda tener. La mayoría de nosotros tiene el abrumador impulso de defender a la familia en que creció. Nos sentimos desleales y culpables cuando revelamos las dinámicas familiares negativas a los extraños. Es de ayuda recordar que cada familia, incluso las mejores, tiene un lado oscuro. Y cada hombre y cada mujer tiene algún grado de dolor, un poco de desilusión, alguna leve cicatriz que se queda aun después de que él o ella se vaya del hogar. Esas cosas deben hablarse porque siempre, siempre, producen alguna forma de contragolpe. Y mientras más profundo sea el problema, más fiero es el contragolpe.

Un amigo nuestro creció en un hogar extremadamente hostil. Su padre era un tirano acostumbrado a mandar a sus hijos y someterlos a fuerza de golpes. A simple vista, los chicos se encogían de miedo, aunque en su interior hervían en su ira. Nunca se les permitía verbalizar ni el temor ni la ira. Tenía cinco años de casado cuando un repentino cambio en la conducta de nuestro amigo sacudió a su esposa. Él se volvió distante, testarudo, rebelde.

Fueron a un consejero y descubrieron que el temor y la ira que habían envenenado su juventud estaban pasando la factura a su vida adulta. Juntos, sobrepasaron el problema, pero no fue fácil.

Una mujer que conocemos estaba frustrada por su falta de deseo sexual con el esposo. Lo amaba y lo respetaba, lo encontraba físicamente atractivo y deseaba con desesperación experimentar una verdadera intimidad sexual con él. Pero ella nunca podía ofrecer algo más que una respuesta física, sus sentimientos entrañables nunca se igualaban a sus acciones. Por último fue a ver un consejero y descubrió un episodio de abuso sexual. Nunca la violaron, pero el frecuente manoseo por parte de un familiar había dejado su marca. A fin de evitar el dolor emocional del abuso, aprendió a cancelar sus impulsos sexuales y años después, en cada encuentro íntimo con su esposo, sus sentimientos se cancelaban automáticamente. Para despertarlos, tuvo que pasar un largo y doloroso viaje.

Otra mujer que conocemos, que es una cristiana sincera y con sed de crecer, no se sentía capaz de cumplir las expectativas de Dios para su vida. No sentía que servía, oraba, ofrendaba o crecía lo suficiente. Así que llegó a presionarse tanto que se volvió una persona ocupada, tensa, negativa e infeliz. Mediante la ayuda de un consejero cristiano reconoció que su mentalidad estaba destruyendo la relación con su esposo. Su problema era uno que afecta a muchos cristianos devotos. Ella había crecido en un ambiente rígido y legalista que la llevó a visualizar a Dios como un comandante que dicta una larga lista de órdenes severas sin ofrecer palabras de ánimo a nadie. Su Dios era alguien a quien uno podía temer, pero difícilmente amar. El consejero la convenció de que el Dios demandante de sus padres no era el Dios generoso de las Escrituras. Con el tiempo dejó a un lado sus cargas, aprendió a amar a Dios con la libertad de un corazón gozoso y comenzó a servirle de manera saludable y constructiva. Su esposo se regocijó con los cambios que su nueva apariencia generó en su matrimonio.

¿Cuál es el punto en común de estos ejemplos tan diversos? Los lados oscuros de nuestras experiencias familiares, ya sea que involucren valores falsos, creencias equivocadas, conductas severas, abusos, malos entendidos o desilusiones, nos afectan profundamente como adultos y cónyuges. Por lo tanto, es indispensable que hablemos sobre los altibajos, que hagamos y respondamos las preguntas difíciles. ¿Cuáles son tus recuerdos de infancia más dolorosos? ¿Cuál ha sido tu mayor desilusión? ¿Alguna vez te sentiste rechazado o no amado? ¿Hubo abuso emocional, físico o sexual en tu hogar? ¿Era alcohólico alguno de tus padres? ¿Se divorciaron tus padres? El beneficio obvio de responder estas preguntas es que sirve de ayuda para que los cónyuges se entiendan mutuamente. Otro beneficio es que a veces ayuda a los cónyuges a entenderse a *sí mismos* de una mejor manera. Una conversación abierta sobre nuestro pasado con alguien con quien nos sintamos seguros y cómodos a menudo nos ayuda a descubrir cosas sobre nosotros mismos, a veces desagradables o dañinas, de las cuales no teníamos conciencia. Una vez que emergen los problemas, podemos tratarlos para que no regresen a oscurecer nuestro matrimonio posteriormente.

Pregunta Siete Permite que los miembros del grupo identifiquen formas prácticas de expresar aceptación y agradecimiento a sus padres. Si en tu grupo hay miembros que con honestidad no pueden identificar una parte positiva en su relación con sus padres, puedes tomar tiempo para apoyarlos en aquellos aspectos en los que tienen una lucha personal o necesidad.

Sitúate en el cuadro

Dile a los miembros de tu grupo que al inicio de la próxima reunión les brindarás tiempo para que digan cómo pusieron su fe a obrar. Permíteles decir cómo han actuado en una de las dos opciones anteriores. Sin embargo, no limites su participación a estas dos opciones. Tal vez se situaron en el cuadro de alguna otra manera como resultado de tu estudio. Permite una comunicación abierta y honesta.

Además, debes aclarar que no habrá un «examen» o un informe obligado. Todo lo que harás es ofrecer tiempo para que las personas, de forma voluntaria, digan cómo han aplicado lo que aprendieron en tu último estudio. Algunos miembros se sentirán presionados si piensan que vas a hacer que todos informen lo que hicieron respecto a estas metas de acción. No querrás que nadie falte a la siguiente reunión por temor a tener que decir que no hicieron un seguimiento de lo que aprendieron en la lección anterior. La clave es proveer un lugar para la comunicación honesta sin crear presión ni el temor de la humillación.

Desde este momento cada sesión abrirá con un vistazo a la sección «Sitúate en el cuadro» de la sesión anterior.

¿DE QUÉ MATERIAL ESTÁS HECHO?

2 CORINTIOS 6:14-18

INTRODUCCIÓN

Esta sesión se concentra en cómo Dios nos ha diseñado a cada uno de nosotros. Con mucha frecuencia los esposos y las esposas ven la vida desde perspectivas dramáticamente diferentes. La forma en que vemos las cosas y respondemos a las situaciones puede crear tensión en nuestro matrimonio cuando ambos tenemos diferentes patrones de respuesta y formas de ver la vida. En esta sesión reflexionaremos con toda honestidad sobre algunos aspectos esenciales de nuestras personalidades.

Nuestra meta no es definir quién está equivocado y quién está en lo correcto. De hecho, los distintos tipos de patrones conductuales mencionados en esta sesión son igualmente valiosos. Nuestra meta es entender nuestros propios patrones y los de nuestro cónyuge a fin de entender, amar y comunicarnos con nuestro cónyuge de forma más eficaz.

EL GRAN PANORAMA

Dedica unos momentos a leer esta introducción al grupo. Hallarás sugerencias de cómo hacerlo al principio de la sección del líder.

UNA AMPLIA PERSPECTIVA DE TU MUNDO

Pregunta Dos El hecho de que Lynne y yo no prestáramos una cuidadosa atención a las diferencias de nuestras personalidades fue un error por el cual hemos pagado un alto precio. Estamos convencidos de que la historia de nuestro matrimonio pudo haberse escrito en términos más placenteros de haber tropezado durante nuestro noviazgo con ideas como las que se presentan en este estudio en lugar de conocerlas después de catorce años de matrimonio.

Algunas de las ideas que se presentan en las siguientes páginas ya se mencionaron en *Honest to God* (un libro que escribí acerca de ser auténtico), en un capítulo titulado «Un matrimonio que satisface a ambos». Pienso que son ideas tan importantes que decidí presentarlas en una versión actualizada en este estudio.

Los expertos en el campo del desarrollo de la personalidad enseñan que al igual que los seres humanos nacen con ojos azules o cafés, cabello negro o rubio, altos o bajos, también nacen con predisposiciones a ciertas formas de pensar, comportarse y ver el mundo. En la década de los años cincuenta, Isabel Myers y Katharine Briggs ampliaron el trabajo de Carl Jung sobre las diferentes características del temperamento y elaboraron un test para identificar los tipos de personalidad basados en las variadas combinaciones de esas características innatas. Este test llegó a conocerse con el nombre Indicador de Tipo Myers-Briggs.

El libro *Por favor, compréndeme: tipos de carácter y temperamento*, de los autores David Keirsey y Marilyn Bates, analiza con profundidad la teoría de Jung y las aplicaciones que hacen Myers y Briggs. Este libro ha sido de gran ayuda para mí. Al enfocarse en los cuatro aspectos del pensamiento y la conducta, este libro me ha ayudado a ver algunas de las diferentes maneras en que la gente aborda el pensar y el actuar. Las diversas maneras de pensar y actuar se llaman preferencias. Cada preferencia atraviesa una línea continua que va de leve a moderado y a extremo. Si se te facilita «verte a ti mismo» en cualquiera de las descripciones de este estudio, es probable que tengas una preferencia extrema en esa área. Si el cuadro no está muy claro, puedes tener solo una leve preferencia.

Un retrato bíblico

Lee 2 Corintios 6:14-18

Pregunta Tres En los tiempos del Nuevo Testamento casi todos entendían el proceso de la unión en yugo. Dos animales, a menudo bueyes, se unían en yugo (conectados) con el propósito de tirar el arado o llevar una pesada carga. Si los animales no eran del mismo tamaño o si no tenían la misma fuerza, ambos podían resultar heridos ya que no caminaban al mismo paso ni tiraban con la misma fuerza.

El apóstol Pablo usaba esta imagen para advertirles a los seguidores de Cristo que no debían unirse con los incrédulos. No existe en este mundo un yugo o una conexión más cercana a otro ser humano que el matrimonio. Si un devoto seguidor de Cristo se casa con un no creyente, no hay forma de caminar juntos, al mismo paso. Un cristiano tiene un conjunto de valores y metas para la vida que son totalmente diferentes. Si Cristo tiene el primer lugar en nuestras vidas, la idea de decidir unirse en un pacto para toda la vida con alguien que no conoce a Jesús no es ni siquiera una opción.

Definir el enfoque

Lee la Instantánea «Introvertidos y extrovertidos» antes de la pregunta 4

Pregunta Cuatro La primera diferencia potencial tiene que ver con las fuentes de energía emocional y cómo estas afectan los patrones relacionales de las personas. Algunas personas son *introvertidas* y obtienen su energía de la soledad. Disfrutan pasar tiempo a solas y usualmente tienden a ocuparse de cosas en aislamiento y silencio. Un introvertido extremo puede preferir irse a trotar a solas en lugar de hacer ejercicios en grupo o leer un libro de autoayuda en lugar de asistir a un seminario de crecimiento personal. Si ves a alguien jugando golf a solas, puedes estar seguro que es un introvertido.

Los extrovertidos obtienen energía emocional de la relación con otros. Les encanta hablar, comunicarse y mezclarse con otros tanto como sea posible. En lugar de disfrutar de una noche tranquila en casa, con frecuencia los extrovertidos preguntan: «¿A quién podríamos llamar para invitarlo a cenar?» o «¿Con quién podríamos salir?» Están hechos de este material. Les encanta estar con otras personas.

Es importante recalcar que ninguna de estas características de la personalidad son malas ni equivocadas. Ambas son saludables y pueden reflejar la forma en que Dios creó a cada persona. El enfoque de este estudio es ayudar a identificar cómo está hecho cada cónyuge. Entenderlo ayudará a ambos a relacionarse mutuamente con más cuidado y significado.

Lee la Instantánea «Racionales e intuitivos» antes de la pregunta 5

Pregunta Cinco Las personas racionales son extraordinariamente precisas al observar los detalles ya que prefieren obtener información a través de sus sentidos: lo que ven, oyen, huelen, sienten y tocan. Después de una fiesta, los racionales pueden describir con detalles precisos cómo estaban vestidos los asistentes, cómo estaba decorado el salón y qué canciones se tocaron de fondo. Si les piden describir la actividad, los racionales extremos brindarán más detalles de los que muchos de sus oyentes desean conocer. Después de una fiesta, los intuitivos solo recuerdan los detalles relacionados con su preocupación actual. Si les piden describir una reunión, los intuitivos extremos la resumirán en una metáfora y dejarán a sus oyentes racionales sintiéndose «en la oscuridad» y deseando obtener información más concreta.

Mientras que los racionales resuelven los problemas a través de un análisis cuidadoso de los hechos, a menudo los intuitivos encuentran soluciones complejas que les llegan «de la nada». Sus frecuentes corazonadas llevan a los intuitivos por una variedad de caminos, de hecho, tienden a saltar de una actividad a la próxima, a menudo dependiendo de que otros terminen lo que ellos comenzaron. Con frecuencia, son personas que se enfocan en «el gran panorama» y necesitan que alguien más, usualmente un racional, complete los detalles. Los racionales a menudo ven a los intuitivos como escurridizos, no prácticos e idealistas, mientras que los intuitivos acusan a los racionales de atascarse en las minucias y ser lentos para ver las posibilidades.

Lee la Instantánea «Pensantes y sensibles» antes de la pregunta 6

Pregunta Seis Un gerente que es un pensador dice, con poca trauma o emoción: «Lo siento, Joe. Hemos ajustado la descripción de tu trabajo tres veces, y aún no das la talla. Sería mejor para la compañía y para ti mismo que buscaras otra cosa que hacer». Un maestro que es un pensador dice: «Si no entendiste la tarea, debiste haberte quedado después de clase. Ahora no puedo cambiar tu calificación. Sería injusto para los demás niños que hicieron su tarea correctamente». Un padre de familia que es del tipo de persona pensante dice: «No discutas conmigo, Tony. Tú conoces las reglas y no las cumpliste. Ahora tienes que pagar las consecuencias. Espero que aprendas la lección».

Los gerentes sensibles agonizan cuando tienen que tomar decisiones difíciles acerca del personal. «Sí, tienes razón. A Pepe le iría mejor en otro trabajo. Pero se ha esforzado tanto y no me gusta hacerlo sentir como un fracasado». Los maestros sensibles pierden el sueño por aquellos niños que no dan la talla en sus calificaciones. «Sé que Angela realmente no merece una mejor calificación. Pero detesto castigarla por no haber entendido la tarea». Cuando los padres sensibles les dicen a sus hijos: «Esto me duele a mí más de lo que te duele a ti», lo dicen con toda sinceridad.

Las preferencias pensantes y sensibles no tienen nada que ver con los niveles de inteligencia o la habilidad de analizar y llegar a la raíz de los asuntos complejos. La pregunta es: una vez que yo logro ver el asunto, ¿es más natural para mí decidir como lo dicta mi cabeza o como lo dicta mi corazón?

Lee la Instantánea «Líderes y seguidores» antes de la pregunta 7

Pregunta Siete La diferencia entre los líderes y los seguidores es evidente en una variedad de situaciones. En los equipos deportivos de nuestro hijo hemos observado que los niños que son líderes tienden a sobresalir en la ofensiva, mientras que los seguidores a menudo sobresalen en la defensa. Con frecuencia, los muchachos que son seguidores parecen sentirse más a gusto al defender la meta ante las pelotas del equipo contrario en un juego de fútbol que al intentar crear la acción en el frente de batalla. Mientras tanto, los líderes parecen tener una preferencia por el desafío de anotar goles. Esta lista no es exhaustiva. Hay un número infinito de maneras en las cuales las personas pueden diferir, y de hecho lo hacen. Y eso es grandioso. La mezcla de diversas personalidades, apariencias únicas y fuerzas complementarias es a menudo la clave del éxito en el mercado, la educación, la iglesia, la vida familiar y hasta el matrimonio.

El viejo refrán que habla sobre los polos opuestos tiende a ser cierto y por una buena razón. Los opuestos se desafían mutuamente, se mejoran uno a otros y, especialmente durante el noviazgo, se fascinan mutuamente. Pero la fascinación con frecuencia conduce a la frustración. A pesar de que nos atraen las personas que son diferentes a nosotros, nos cuesta descifrarlas. Con el tiempo, el misterio lleva a los malos entendidos y, con demasiada frecuencia, los malos entendidos conducen a las malas acciones. Puede llegar a ser algo muy feo.

Una pareja que antes se adoraba termina intercambiándose humillaciones: *Lo que dices no tiene sentido. Eres extraño. Hay algo raro en ti. ¿Por qué no puedes actuar como una persona normal?* Piensan que son la pareja dispareja y llegan a la única conclusión que pareciera tener sentido: se casaron con la persona equivocada.

¿Pero realmente fue así? ¿Estarían mejor de haberse casado con alguien exactamente como ellos?

SITÚATE EN EL CUADRO

Desafía a los miembros del grupo a tomar un tiempo durante la próxima semana para utilizar parte de esta sección de aplicación como una oportunidad para continuar creciendo.

PLANIFICA VIVIR EN PAZ

EFESIOS 4:25-26

INTRODUCCIÓN

El conflicto es inevitable en las relaciones. Esto es así para todas las relaciones pero particularmente para los matrimonios. Cuando dos personas de familias y orígenes diferentes se reúnen y forman una nueva familia, siempre habrá tensiones y problemas en potencia. La pregunta no es si habrá luchas y conflictos en el matrimonio. El problema real radica en que cuando surjan, ¿cómo responderemos y lidiaremos con ellos?

Es inexcusable que a las parejas se les permita casarse sin tomar lecciones obligatorias sobre resolución de conflictos. No obstante, esto pasa todo el tiempo. Los maestros, pastores, padres y amigos se sientan distraídamente y ven a cada uno de los enamorados con estrellitas en los ojos y una sobredosis de romance e infatuación, sabiendo bien que eventualmente la realidad los golpeará con venganza, surgirán los conflictos, aparecerán las hostilidades y la que una vez fue una pareja feliz enfrentará una emergencia para la cual ninguno de los dos estará preparado. Puesto que no han recibido consejería ni capacitaciones, no tendrán procedimientos de emergencia a los cuales acudir.

Entonces, ¿qué harán? En la mayoría de los casos recurren a los únicos procedimientos de solución de conflictos que conocen: los que usaron sus padres. Aunque presenciaron un método inaceptable y perjudicial para resolver los conflictos y aunque prometieron que nunca se comportarían de esa manera, en la ausencia de una preparación adecuada las parejas casi inevitablemente vuelven al método con el cual se criaron.

El enfoque de este estudio es ayudar a las parejas a identificar y resistir los patrones negativos, así como a desarrollar patrones nuevos y saludables para lidiar con el conflicto en su relación matrimonial.

EL GRAN PANORAMA

Dedica unos momentos a leer esta introducción al grupo. Hallarás sugerencias de cómo hacerlo al principio de la sección del líder.

UNA AMPLIA PERSPECTIVA DE TU MUNDO

Pregunta Uno Estas preguntas no pretenden llevar a los miembros del grupo a la simple definición de la respuesta correcta. Pretenden ayudar a identificar un panorama honesto y realista sobre el conflicto en las relaciones humanas. Permite que los miembros de tu grupo brinden consejos y escucha con atención. Aprenderás mucho sobre los patrones y las perspectivas de las personas en tu grupo.

UN RETRATO BÍBLICO

Lee Efesios 4:25-26

Pregunta Tres En este pasaje el apóstol Pablo expresa por lo menos dos preocupaciones diferentes. En primer lugar nos pide que hablemos con la verdad. Como siempre, esto debe hacerse en amor, pero debe hacerse. Tragarnos nuestros sentimientos y tratar de guardarlos en nuestro interior es llamar al desastre. Esto puede llevarnos a un distanciamiento emocional, al resentimiento y hasta a la enfermedad física y psicológica. Tragarnos nuestros sentimientos y embotellarlos en nuestro interior nunca nos conducirá a la sanidad ni al amor auténtico en una relación matrimonial.

Pablo también habla con claridad sobre la necesidad de lidiar con el enojo. No debemos dejar de prestarle atención durante demasiado rato. En el pasaje leemos una seria advertencia sobre darle lugar al enemigo cuando el enojo gobierna nuestro corazón. Cuando vivimos sin resolver el enojo, nuestro matrimonio puede llenarse de resentimiento, la comunicación se corta, el amor se vuelve difícil de encontrar y algunos matrimonios experimentan el naufragio. Esto lastima el corazón de Dios. Él desea relaciones saludables y amorosas, mientras que al maligno le encanta dividir a las parejas cristianas. Necesitamos tomar esta advertencia con seriedad y lidiar con el enojo de manera apropiada.

Definir el enfoque

Lee la Instantánea «Lo que aprendimos» antes de la pregunta 4

Pregunta Cuatro Este será un tema de discusión delicado para algunos en tu grupo. Tal vez hayan recuerdos dolorosos y hasta prácticas en sus propias relaciones de las cuales tengan temor de hablar. Permite que las personas hablen según se sientan capaces de hacerlo.

He aquí más detalles sobre los diferentes estilos para lidiar con el conflicto:

Congelamiento. Algunas personas caen en un estilo gélido para lidiar con el conflicto. En un hogar donde se usa este método, todos saben que existe un conflicto, pueden sentirlo en el aire. Pero nadie habla al respecto. No importa lo grande que sea el problema, nunca se trata abiertamente. Las personas negocian en torno al problema, lo evitan, o esperan que el tiempo lo disuelva. A veces el clima mejora lo suficiente para que las personas comiencen a hablar de nuevo. Pero el clima favorable solo dura hasta el próximo conflicto, en el que probablemente se enfocará en el mismo asunto irresoluto que causó el conflicto anteriormente. En una familia como esta, nada se resuelve.

En otros hogares gélidos, el frío nunca se va. Con la aparición de un nuevo conflicto, los miembros de la familia agregan otra capa de hielo. En un momento dado, se congelan a sí mismos mediante un distanciamiento total del uno con el otro.

Que suenen las balas. Algunas familias lidian con el conflicto al estilo de los vaqueros. Cuando surge un problema o un mal entendido, las personas se cuadran y comienzan a disparar balas de palabras. «Este pueblo no es lo suficientemente grande para nosotros dos», anuncian. Luego gritan, arrojan objetos y quiebran las ventanas del salón. La intimidación es el nombre del juego. Se desahogan los sentimientos. Se libera el enojo. Hay acción y drama. Pero, a lo largo del camino, se hace mucho daño. Se hieren los sentimientos, los niños escuchan cosas que nunca debieron haber escuchado y los problemas que los separan permanecen sin solución.

Déjenme salir. Algunas personas lidian con el conflicto a través del escape. Cuando surge un problema familiar, salen a emborracharse o a comprar compulsivamente en el centro comercial. Otras personas usan drogas o se marchan durante dos o tres días. Otra forma de escape es el trabajo en exceso. El trauma de los escapes autodestructivos o los actos irreflexivos para desaparecer tienden a ocultar el problema original. Los problemas no se enfrentan y no se resuelven. Hay alivio cuando el esposo deja de tomar o cuando la esposa finalmente vuelve a casa. El problema no se ha resuelto, pero por lo menos el escapista está en casa y bajo control. Hasta el siguiente conflicto.

No sé qué pasó. Tristemente, algunos reaccionan al conflicto mediante el maltrato a otras personas. Permiten que el ataque verbal se intensifique y se convierta en violencia física y crean más dolor y distanciamiento que lo que el problema original pudo haber causado. Es frecuente que los jóvenes que crecieron en hogares violentos hagan votos para romper este patrón de dolor. Pero con mucha frecuencia la violencia genera violencia. A pesar de sus buenas intenciones, los jóvenes recurren a lo que conocen.

Lee la Instantánea «El espíritu de la reconciliación» antes de la pregunta 5.

Pregunta Cinco Necesitamos reconocer que no cumplimos las normas morales de nuestro Santo Dios y que, por consecuencia, estamos en conflicto con él. Algunos nos esmeramos para no pensar en esto, pero la mayoría de nosotros, durante nuestros momentos de introspección semianuales, nos ponemos un poco nerviosos al pensar que algún día estaremos frente a un Dios santo. Nos sentimos un poco incómodos. Percibimos un temor latente por una represalia o castigo. Y sabemos que no podemos hacer nada para escapar de él. Nuestros pecados pasados no desaparecerán, y la santidad de Dios no cambiará. Así que estamos atrapados en un conflicto irresoluto e invencible.

Reconocer nuestra situación desesperada es el primer paso hacia un espíritu de reconciliación. El segundo paso es entender que Dios, que es «rico en misericordia», ofreció a Jesucristo, su Hijo, para tender un puente ante el abismo de conflicto que nos separa de Dios. A través de la muerte y la resurrección de Jesús podemos reconciliarnos con Dios y liberarnos del temor a la condenación y la muerte eterna. Podemos ser adoptados en la familia de Dios y relacionarnos con él tal como un hijo amado se relaciona con un padre amoroso. El tercer paso hacia un espíritu de reconciliación sucede de manera natural en aquellos que han sido adoptados en la familia de Dios y están creciendo espiritualmente. El gozo de la reconciliación divina comienza a desbordarse en otros aspectos de sus vidas. Quieren experimentar la paz y la armonía que disfrutan con Dios y con los otros. Comienzan a entender que todas las personas, amigos, familiares, desconocidos y hasta los enemigos, son importantes para Dios. Los trozos de hielo alojados en su pecho comienzan a derretirse y sienten preocupación y compasión por las personas que anteriormente ignoraban, rechazaban o maltrataban.

La Biblia habla sobre un acaudalado recolector de impuestos que continuamente desgarraba a la gente sin la más mínima apariencia de remordimiento, hasta un día en que tuvo un encuentro de corazón a corazón con Jesucristo durante una cena no programada. Luego de una comida sencilla y una breve conversación, ese extorsionista desalmado salió de su casa como un hombre transformado. Con labios temblorosos suplicó perdón a todos aquellos a quienes había engañado y prometió que les pagaría cuatro veces lo que les adeudaba. Hasta se comprometió a dar a los pobres la mitad de todos sus ingresos futuros. Algo sobrenatural sucedió en esa mesa. No solo se reconcilió un pecador con Dios, sino que además recibió el espíritu de reconciliación, el cual revolvió sus sentimientos hacia la gente. Y lo que sucedió con Zaqueo es la norma para todos los que se reconcilian con Dios. El Espíritu Santo planta en ellos un afecto, que antes no existía, para con los demás. Él les da una mecha más larga, más paciencia, una capacidad mayor para perdonar, un deseo creciente de armonía, una sensibilidad y ternura que nunca habían sentido.

Lee la Instantánea «¿Hay una viga en tu ojo?» antes de la pregunta 6

Pregunta Seis Explica que en este momento harás dos cosas diferentes. Primero, darás unos minutos para orar y reflexionar individualmente y dejarás que Dios les muestre a los miembros del grupo en dónde pueden tener una «viga» en su ojo. Anímalos a que se abran a la convicción del Espíritu Santo en cuanto a cómo ellos pueden crear tensión, dolor o daño en su cónyuge. Quizá hasta quieras abrir este tiempo con una oración por cada persona para que sea sensible y abierta a lo que Dios quiera poner en su corazón.

Después, divide al grupo en parejas. Anímalas a pasar unos minutos conversando acerca de los aspectos en los que necesitan mejorar en su relación. Anímalas a confesar mutuamente en dónde ven una «viga» en su ojo y luego hablar sobre cómo pueden trabajar en este aspecto de su relación.

Para muchas personas la reacción normal al daño, los malos entendidos o los ataques en una relación es el contraataque, vengarse, acusar, decir: «Es tu culpa». En alguna ocasión todos nos hemos comportado de esa manera. Incluso más, probablemente nos hemos sentido justificados. Decimos: *lo que es justo es justo. Si te dañan, tienes que desquitarte. No tengo por qué soportar esto. La venganza es autoconservación*. Luego, como justificándonos, nos damos media vuelta y nos vamos, golpeando la puerta al salir, directamente hacia la tumba de la relación. No podemos soportar la incomodidad y la confusión de la tensión en la relación y no vemos cómo solucionarla. Así que agarramos la pala, enterramos la relación y tratamos de seguir con nuestra vida. Pero vivimos con un dolor sordo e insoportable que no se irá.

Esta será una oportunidad para que revirtamos este proceso de daño y busquemos una comunicación honesta y la reconciliación. Este proceso comenzará con una oración humilde, con escuchar a Dios y confesar honestamente en dónde hemos fallado en nuestra responsabilidad como esposo o esposa.

Lee la Instantánea «¿Podemos hablar?» antes de la pregunta 7

Pregunta Siete A continuación se presentará una descripción amplia de las instrucciones para la resolución de conflictos.

Comienza con lo positivo. Aprender a comenzar con lo positivo nos ayudó a Lynne y a mí a iniciar las conversaciones desde una postura positiva. Solíamos saltar de una sola vez al problema, lo que significaba que comenzábamos la conversación desde una postura negativa. Hacer esto casi siempre nos polarizaba y provocaba respuestas defensivas.

Comenzar con lo positivo suaviza el golpe del conflicto y nos libra de estar a la defensiva. Nuestras conversaciones pacíficas se volvieron mucho más pacíficas cuando aprendimos a decir: «Cariño, te amo y estoy comprometido con nuestro matrimonio. Pero creo que sería mejor de lo que ya es. Estas son algunas de las ideas que tengo». Una introducción como esta puede conducir a una conversación constructiva.

Dispónte a asumir la culpa. Habla en la reunión sobre los puntos de vista y las actitudes que se fomentaron durante tu tiempo de oración individual. Específicamente reconoce cómo contribuiste a generar tensión. No asumas una culpa que no merezcas, pero acepta en su totalidad la culpa que te corresponda.

- «Siento mucho haber sido tan egoísta».
- «Perdóname por permitirle a mi ego que se interponga en el camino».
- «Me siento mal por haber explotado enfrente de los niños».

Te sorprenderás ante el poder de pedir disculpa. Dos palabras pequeñas, lo siento, han salvado alianzas de negocios, han reconciliado a vecinos, han reunido a los padres con sus hijos y han rescatado a matrimonios que se dirigían a la tumba. No hay magia alguna en las palabras en sí mismas, pero cuando se dicen con sinceridad, revelan lo que hay debajo, un espíritu de reconciliación. Y abren las líneas de comunicación.

Cuando Zaqueo, el recolector de impuestos regenerado, corrió hacia la calle, las personas que lo conocían probablemente corrieron en la dirección contraria. «¿Cómo nos engañará esta vez?» se preguntaban. «¿Qué nueva estratagema habrá maquinado?» Pero, al parecer, él los paró en seco. ¿Cómo? Él dijo: «Lo siento. Estaba equivocado. Los engañé. Quiero rectificar mi error». Es probable que la gente sospechara; quizá tenía una actitud de «ver para creer». Pero, como la mayoría de las personas, ellos querían creer en lo mejor. Así que escucharon. Abrieron sus corazones. Y la disculpa de Zaqueo abrió el camino para la sanidad y la restitución.

Expresa tus heridas en lugar de las hostilidades. La mayoría de los problemas empieza con una herida. Una esposa se siente herida porque su esposo no le preguntó acerca de la presentación que realizó en el trabajo durante el día, o porque él olvidó su aniversario de bodas o porque criticó sin necesidad a su madre. Un esposo se siente herido porque su esposa no ha notado que él perdió peso, o porque ella no es sensible a las presiones del trabajo, o porque lo insultó frente a un amigo.

Las heridas son una respuesta legítima a la desilusión y la ofensa, y nunca se debe negar o guardar para sí. Siempre debe expresarse y ventilarse. Pero la herida se vuelve un problema cuando las personas permiten que esta aumente en su interior y se transforme en ira. Para la esposa el proceso comienza cuando se siente herida por la aparente falta de interés en su carrera por parte de su esposo, pero después que ella reflexiona en la herida durante cierto tiempo, la herida se infecta. Al final, la esposa se enoja por «el cretino insensible que solo se preocupa de sus cosas».

Por eso es importante planificar pláticas pacíficas tan pronto como sea posible, antes que la herida se convierta en ira. El dolor de otro ser humano mueve a la mayoría de las personas, de ahí que revelar el dolor puede tender puentes de comprensión y compasión. Pero al descargar la hostilidad se destruyen los puentes, ya que las personas rechazan los ataques llenos de enojo. Cuando alguien nos ataca, nuestra reacción natural es defendernos. Otro error que causa que las heridas se transformen en ira es acumular resentimientos. Una herida se puede manejar. Puedes tenerla bajo control, expresarla de forma constructiva y trabajar en ella. Es más difícil lidiar con dos heridas.

Si acumulas más de dos, te resultará casi imposible evitar pensar y decidir que esas heridas merecen transformarse en ira.

Así que, por favor, lidia con esos resentimientos tan pronto surjan. No los pongas uno encima del otro ni los dejes supurar dentro de ti hasta convertirse en hostilidad. El enojo es siempre una emoción secundaria. Si los cónyuges regresan a lo que precedió, a menudo hallarán heridas. Si revelan la herida, debilitarán las paredes que los separan.

Di oraciones directas. Las indirectas y las frases improvisadas no dan buenos resultados. Ya sea que estemos en medio de una conversación formal o en una conversación casual, debemos decir lo que realmente queremos decir.

Pronuncia frases que empiecen con «yo siento». Las frases que empiezan con el «tú» de acusación que antagoniza a los cónyuges a menudo sabotean las pláticas pacíficas y terminan el proceso de paz antes de que empiece.

- «Tú no ayudas lo suficiente en las tareas domésticas».
- «Tú pasas demasiado tiempo en el trabajo».
- «Tú no sabes cómo administrar el dinero».

Las frases que empiezan con «me siento» son menos bélicas y abren la puerta del diálogo y la resolución práctica de los problemas.

- «Las responsabilidades domésticas me tienen abrumada. He pensado en algunas formas en que pudiéramos dividir las tareas. ¿Te puedo hablar de ellas?»
- «A menudo me siento como si estuviera fuera de tu vida porque pasas mucho tiempo en el trabajo. ¿Podemos hablar sobre esto?»
- «Nuestra situación financiera me hace sentir frustrado. ¿Estarías dispuesta a conversar sobre algunas formas de mantener en orden nuestro presupuesto?»

Evita usar las palabras «nunca» y «siempre». Evita pronunciar términos exagerados como:

- «Nunca vienes temprano a casa».
- «Siempre olvidas llamarme».
- «Siempre dejas los platos sucios en la sala familiar».

Es posible que tengamos una preocupación perfectamente válida, pero si la expresamos en estos términos extremos, la invalidamos. Convertimos la verdad en mentira.

Si queremos que nuestras quejas se tomen con seriedad, debemos pronunciar frases precisas, verdaderas y realistas. Los *siempre* y los *nunca* siempre —bueno, casi siempre— desvían el enfoque del problema real. El cónyuge que recibe acusaciones excesivas probablemente hará caso omiso a la preocupación original y entenderá que la causa de la tensión en las relaciones se debe a las deficientes técnicas de comunicación de su cónyuge.

Pregunta Ocho ¿Qué hacer si tus pláticas pacíficas no están dando resultados? ¿Si no puedes mantenerte enfocado? ¿Si con frecuencia das un paso para adelante y dos para atrás? El siguiente paso es buscar el consejo de un amigo o una pareja de confianza. Proverbios 11:14 dice: «Sin dirección, la nación fracasa; el éxito depende de los muchos consejeros».

Me estremezco al pensar dónde estaríamos Lynne y yo sin los sabios, perspicaces y, a veces, dolorosos consejos que hemos recibido de nuestros amigos de confianza. Si tienes amigos cercanos que oran por ti, te animan y están pendientes de qué tan responsable eres en tu matrimonio, tienes un regalo maravilloso. Esas personas te aman lo suficiente como para hacerte preguntas difíciles y pulir tu vida.

Una vez un amigo me dijo: «Eres muy tacaño para con tu esposa. Eres generoso en lo que respecta a dar para la obra de Dios. Eres generoso con tus hijos. Eres generoso cuando tus amigos tienen alguna necesidad. Pero eres muy tacaño con tu esposa. Necesitas ser más generoso con ella».

Otro amigo me dijo: «Debes mostrar más interés en tu casa y tu césped. Tú disfrutas llegar a una casa ordenada, un refugio bien mantenido, pero no asumes suficiente responsabilidad en ese mantenimiento».

A mí no me gustaba oír esas cosas, pero necesitaba oírlas. Eran verdaderas y estaban levantando muros en mi relación con Lynne. Estoy agradecido por haber tenido amigos en ese momento que me conocieran y amaran lo suficiente como para arriesgarse a decirme la verdad. Y estoy agradecido de haber aprendido el valor de aceptar un consejo difícil.

También nos hemos beneficiado al buscar juntos el consejo de otra pareja. «¿Qué consejo pueden darnos sobre esta situación?», preguntamos. «¿De qué manera se comprometen en este aspecto? ¿Cómo han resuelto este problema?» En ocasiones hemos tenido que programar conversaciones pacíficas con nuestros amigos. A veces, simplemente usamos reuniones informales como oportunidades para obtener consejos de parejas casadas que respetamos.

Sitúate en el cuadro

Desafía a los miembros del grupo a tomar un tiempo durante la próxima semana para utilizar parte de esta sección de aplicación como una oportunidad para continuar creciendo.

Llamen a los profesionales

Estos son algunos consejos para aquellos que luchan y necesitan apoyo adicional en este momento de su matrimonio. Si sientes que algunos miembros del grupo necesitan más ayuda que la que se ha brindado en esta sesión, tal vez puedas sugerirles que busquen consejería matrimonial de un consejero cristiano competente. Algunas personas rehúsan buscar consejo porque se sienten avergonzadas, no quieren que nadie sepa que su matrimonio se encuentra un poco rasgado. Otras personas lo rehúsan porque temen enfrentar una verdad dolorosa o temen que puedan descubrir algo sobre sí mismas o sobre sus cónyuges. Otras se rehúsan porque son obstinadas y crueles. Preferirían desmantelar la salud emocional de su cónyuge que gastar energía para obtener ayuda. Otras personas cuestionan el «derecho» teológico de buscar la consejería Cristocéntrica: «¿No deberíamos ser capaces de orar por nuestra cuenta para salir de este problema?» «¿No deberíamos ser capaces de hallar una respuesta en la Biblia?»

La oración y el estudio de la Biblia son elementos vitales en la salud del matrimonio. Sin embargo, Dios ha dotado a ciertos individuos con un grado de discernimiento, conocimiento y sabiduría que les permite ayudar a parejas que, en ocasiones, enfrentan apuros, o parejas que están atrapadas en patrones de relación enfermizos y destructivos.

Algunas parejas se quedan atrapadas durante tanto tiempo que olvidan cómo es tener un buen matrimonio. Comienzan a conformarse con un matrimonio mediocre o hasta uno miserable. Necesitan que alguien les refresque la mente y les enseñe cómo volver a una manera de relacionarse que sea saludable, positiva y amorosa.

A veces, solamente un cónyuge está dispuesto a buscar consejo. Yo animaría a esa persona a ir sola. Es mejor que uno de los cónyuges se libere a que ambos permanezcan donde están. Hemos visto que Dios ha hecho cosas sorprendentes a través de un cónyuge que está dispuesto a enfrentar el desafío de crecer.

Muchas veces, el cambio visible en su pareja impacta al cónyuge que no está dispuesto.

La resolución de los conflictos requiere valor y persistencia. Exige humildad y honestidad. Deshace la dureza de nuestro corazón y, a veces, produce dolor. Pero siempre vale la pena hacer cualquier esfuerzo que se requiera, cualquier inconveniencia que cause y cualquier cambio o compromiso que se necesite.

¿QUÉ LE PASÓ AL ROMANCE?

CANTAR DE LOS CANTARES 4

INTRODUCCIÓN

Todos deseamos experimentar romance en el matrimonio. Nadie se embarca en la aventura del matrimonio para decir: «Sabes qué, después de tres años en este asunto, espero no sentir ninguna emoción romántica». A los diez años de matrimonio todos deseamos y esperamos estar tan locamente enamorados de nuestros cónyuges como lo estuvimos el día de la boda.

El problema es la experiencia totalmente diferente que muchas parejas encuentran. El romance mengua con el paso de los años. Nuestras intenciones eran buenas, pero a menudo nos esforzamos muy poco para desarrollar un matrimonio emocionante y romántico. La inercia básica de la vida nos arrastra y el romance es una de las primeras cosas que se va.

Este estudio ayudará a los miembros de tu grupo a identificar algunos de los «obstáculos para el romance» que minan la emoción y el romance en el matrimonio. También ayudará a las parejas a identificar cómo quitar algunas de esas barreras y dirigirse hacia un matrimonio más romántico y satisfactorio.

EL GRAN PANORAMA

Dedica unos momentos a leer esta introducción al grupo. Hallarás sugerencias de cómo hacerlo al principio de la sección del líder.

UNA AMPLIA PERSPECTIVA DE TU MUNDO

Pregunta Uno Lynne y yo no somos la excepción en lo que respecta a luchar por mantener vivo el romance en nuestro matrimonio. Lynne narra una experiencia que tuvo varios años después de casados.

> Durante el almuerzo en un restaurante local, Bill y yo escuchamos los lamentos de un consultor de mediana edad que trabajaba

para una firma manufacturera internacional. Él se quejaba de tener que pasar mucho tiempo lejos de su esposa. «Intento ver el lado positivo», dijo. «La llamo todas las noches y conversamos de lo que sucedió en el día. Le envío muchas notitas y tarjetas solo para recordarle que estoy pensando en ella. Si viajo a lugares interesantes, le compro joyas que sean representativas de esa área. Y siempre llevo a casa ropa interior, algo divertido y coqueto que nos dé ánimo para el romance. Tenemos que estar separados tan a menudo que ¡deseamos aprovechar el tiempo que estamos juntos!»

Mencionó a su esposa varias veces durante la conversación. Era obvio que después de 25 años de casado, él todavía estaba «locamente enamorado» de ella. Todavía la valoraba. Todavía ansiaba estar con ella. Todavía se divertía con ella. Todavía se emocionaba al hacerle el amor.

Mientras lo escuchaba, descubrí que yo misma sentía una extraña atracción a este hombre, y eso me asustó. No lo entendía. Ahí estaba yo, sentada junto a mi apuesto, exitoso y joven esposo con quien estaba comprometida de todo corazón. Sin embargo, sentía atracción por un abuelo de cincuenta y tantos años que no dejaba de hablar de su esposa. ¿Qué estaba ocurriendo?

Durante toda la tarde reflexioné en esa conversación y finalmente reconocí que la razón por la cual sentía atracción por ese hombre era que yo ansiaba que me amaran y valoraran de la misma forma que él amaba y valoraba a su esposa. Deseaba sentirme especial, buscada, deseaba saber que mi esposo se deleitaba en mí, y en ese momento eso no estaba sucediendo en nuestro matrimonio.

Tuve que decir: «Te amo, Bill, y estoy más comprometida con nuestro matrimonio que nunca. Pero hemos perdido algo en el camino. Nuestro matrimonio se parece más a un negocio, una alianza, una empresa en común, que a una unión íntima y amorosa. Luchamos juntos, intentamos vivir en paz de la mejor forma que podemos, pero no hay mucha chispa en nuestra relación. Hay muy poca diversión. Muy poco romance. No quiero seguir así. El matrimonio debe ser más que lo que ahora tenemos. Debemos ser más felices que lo que ahora somos. Necesitamos recuperar el romance».

UN RETRATO BÍBLICO

Lee Cantar de los Cantares 4

Pregunta Tres Los Cantares son un tributo al amor romántico entre un hombre y una mujer. Debemos entender que el plan de Dios desde el comienzo de los tiempos era que el hombre y la mujer compartieran sus vidas en la relación más íntima que pueda existir.

El amor romántico era y todavía es el diseño de Dios. Él se regocija cuando los esposos y las esposas están tan comprometidos entre sí que se esfuerzan por nutrir y edificar una relación saludable y romántica. El deseo de Dios es que los seguidores de Cristo modelen relaciones matrimoniales caracterizadas por la intimidad emocional, una comunicación abierta, pasión sexual y unidad espiritual. Es importante que recordemos que el plan de Dios para un hombre y una mujer en una relación íntima se instituyó antes de que el pecado entrara al mundo.

DEFINIR EL ENFOQUE

Lee la Instantánea «Obstáculos para el romance» antes de la pregunta 4

Pregunta Cinco Existen muchas cosas que pueden consumir el romance en un matrimonio. Una de ellas es *la maldición de la familiaridad*. Sucede en todos los aspectos de la vida. Tú compras un auto nuevo y durante unas cuantas semanas inventas razones para ir a la tienda y poder manejarlo. Lo lavas durante el receso del almuerzo. Haces que tus hijos se bañen antes de acercársele. Pero, pasado un tiempo y sin tan siquiera darte cuenta de ello, empiezas a tratar a tu nuevo auto igual que tratabas al auto viejo. Permites que el perro se suba al auto. Dejas que tus hijos beban sus batidos de leches adentro del auto. Dices: «No tengo por qué idolatrarlo. Es solo un auto».

Lo mismo ocurre cuando compras una nueva casa, un nuevo mueble o una nueva prenda de vestir. Durante un tiempo lo tratas con mucho cuidado pero, una vez que el brillo se pierde y el resplandor se destiñe, una vez que se llega al punto de la familiaridad, dejas de protegerlo, preocuparte por él y cuidar de él de forma tan meticulosa. Por desgracia, a menudo tratamos a las personas igual que tratamos las compras. Durante la fase del noviazgo, cuando un chico llega a recoger a su novia para salir, apenas toca el timbre antes de que la puerta se abra de par en par y ella diga: «Ah, Tom, he estado pensando en ti durante todo el día. He estado contando los segundos del reloj. Pensé que nunca llegarías». Luego de dos años de matrimonio, Tom llega del trabajo con 45 minutos de retraso y anuncia: «Cariño, ya estoy en casa». Su esposa le dice: «Yo también. ¿Qué quieres? ¿Una banda militar que anuncie tu llegada?»

Una falsa sensación de seguridad puede consumir el romance en un matrimonio. Durante la etapa del noviazgo, la pareja vive con el molesto temor de que si no son cuidadosos, considerados y corteses, si no se comunican creativamente, si no «vencen a la competencia», podrían perder la relación. Sin embargo, una vez que se casan, algunas personas se vuelven un tanto complacientes. Se sienten muy seguras. Se vuelven descuidadas, inconsideradas y dan por sentada su relación.

El cansancio físico también puede consumir el romance en un matrimonio. ¿Cuándo es que la mayoría de las personas experimentan sus niveles más altos de energía? Durante los últimos años de la adolescencia y principios de los veinte, cuando andan de novios. El romance florece gracias al tiempo y la energía sin límites. Tienen citas cinco noches a la semana. Se desvelan conversando hasta las 2 a.m. Planifican reuniones para desayunar antes del amanecer mientras contemplan la salida del sol. Muchas parejas universitarias hacen lo que nosotros hicimos. Tan pronto como se acaban las clases del viernes, el joven se sube a su auto y conduce durante varias horas hasta llegar a la universidad de su novia, donde pasa un día y medio junto a ella antes de manejar de regreso al campus para asistir a su clase el lunes en la mañana. Al siguiente fin de semana, ella lo visita.

Pero muy pocas parejas pueden mantener ese ritmo por un largo plazo. Durante los siguientes años pareciera que decrecen sus niveles de energía. Lo que realmente complica las cosas es que, al mismo tiempo que su energía decrece, sus responsabilidades se incrementan. Una carrera. Los hijos. Dividir la responsabilidad de conducir. Las juntas escolares. Las reparaciones que deben hacerse en la casa. Los desafíos con los suegros. La involucración en la iglesia. El servicio comunitario. Y luego se ven en el espejo y se dan cuenta de que sus cuerpos necesitan un poco de atención, así que intentan meter en sus agendas la práctica de los ejercicios.

Además del aumento de las responsabilidades y los compromisos de su tiempo, a menudo existe un *incremento en la carga financiera*. Durante el noviazgo muchos jóvenes viven con sus padres o compañeros de cuarto y tienen un mínimo de gastos, así que disponen de suficiente dinero para gastarlo en citas. Un joven nos contó acerca de la vez que alquiló un esmoquin para llevar a cenar a su novia, solo por diversión. Pensamos, *espera a que ese joven se case. Espera a que realice los pagos de la vivienda y compre vehículos y muebles. Y espera a que críe a sus hijos.* Los hijos son divertidos pero, ¡cómo cuestan esas pequeñas criaturas! ¿Quién piensa en rosas de tallo largo y cenas románticas cuando se necesita una cuna, una cortadora de césped y un nuevo techo?

Con el paso de los años, la vida se vuelve más y más complicada. ¿Qué recibe el impacto de toda la locura? El matrimonio. *Él puede esperar. Ella entenderá. Atenderemos nuestro matrimonio después, cuando tengamos más tiempo, más energía, más creatividad y más dinero.* Pero sabemos que eso rara vez ocurre.

Lee la Instantánea «Cambio de marcha» antes de la pregunta 6.

Pregunta Seis Provee un tiempo para la reflexión personal y la oración. Anima a los miembros del grupo a ser honestos consigo mismos y con Dios al hacerse las preguntas.

En la Instantánea hablaba sobre el proceso dañino de cambiar de marcha después del día de la boda. He aquí una descripción más detallada de cómo este proceso puede suceder en algunos matrimonios:

> El viaje comienza de esta forma. Un joven identifica a la mujer con la que desea casarse y empieza la tarea de tener un noviazgo serio. El tiempo y el dinero no son temas de discusión, por lo que gasta grandes cantidades de energía y creatividad en la caza. Le da regalos, le envía tarjetas, le escribe poemas, le entrega flores, planifica cenas románticas en restaurantes elegantes, hacen caminatas largas en la playa, disfruta los paseos por carreteras en el campo y pierde el tiempo frente a las resplandecientes vidrieras de las joyerías. Él tiene una misión. Tiene una meta valiosa. Está motivado. No deja que nada se interponga en su camino para conquistar a la mujer de sus sueños. Ella se convierte en su máxima prioridad y él no descansará hasta que sea suya.
>
> Está enamorado y desea que ella lo sepa. Ajusta su apretado horario para pasar todos los minutos posibles junto a ella. La elogia con ternura. Habla sobre sus cualidades con sus amigos y familiares. Habla sobre ella constantemente. Y, poco a poco, esto comienza a agotarla.
>
> Es correcto, esto la agota. Como ves, al principio ella tenía sus dudas. Obviamente, él se enfrascó en una ardua búsqueda pero, ¿qué significaba exactamente esto? ¿Cuál era su interés? ¿Acaso quería él una emoción barata o una relación duradera? ¿Un trofeo femenino o una esposa que pudiera valorar? Ella conoce los peligros porque ya la han herido antes. Así que, con sabiduría, ella guarda su corazón y mantiene la distancia. Observa, espera y analiza. ¿Se puede confiar en este muchacho? ¿O acaso frustrará sus sueños seis meses después de la boda? Ella ha escuchado las historias de horror y no tiene la intención de proveer la trama para una más.
>
> Mientras tanto, el diligente joven la inunda con atenciones, afecto y aprecio. La llama cuatro veces al día, llena su buzón con declaraciones de amor y le compra regalos sentimentales y perfumes exóticos. Los fines de semana están repletos de recreación y romance: cenas, películas, juegos y fiestas. Y ahora viene la oferta: de un anillo de diamante.
>
> Casi en contra de su voluntad, ella se siente amada. Se siente segura, confiada, valorada, ganada y deseada. Comienza a confiar

> en él. Empieza a creer que esto durará. De hecho, se permite creer que esto seguirá mejorando y mejorando y que el matrimonio abrirá la puerta a un gozo futuro inimaginable.
>
> Finalmente, ella cruza el último puente de la duda y dice: «Sí, sí, me casaré contigo. Me has comprobado sin sombra de dudas que me amas. Me has enamorado, me has conquistado y me has hecho sentir especial, importante y valorada. Me has convencido de que yo soy la máxima prioridad en tu lista. Te has ganado mi corazón. ¡Me casaré contigo!»
>
> Y así fijan la fecha de la boda, planifican cuidadosamente la ceremonia y arreglan los detalles de su luna de miel. Todo se da como sacado de un libro de cuentos. Los recién casados se mudan a su cómodo apartamento y la joven esposa se establece en la realidad de su vida diaria como mujer casada, y se goza en el conocimiento de que realizó una sabia y maravillosa elección de su compañero de por vida.
>
> Y entonces ocurre: su esposo hace una cosa terrible, horrible, fea, impensable, sucia y condenable. Ah, no se da cuenta de que está haciendo algo incorrecto. No obstante, lo hace y, de esta manera, hiere profundamente a su sincera y confiada esposa.
>
> ¿Qué hace? Él cambia la marcha. Reajusta su enfoque. Se figura que ahora ha acabado la «tarea de casarse», por lo que es tiempo de moverse hacia otro objetivo. Enfrentó un desafío y lo venció; ahora es tiempo para enfrentar otro. Así que sin pensar cómo afectará a su esposa, tranquilamente reajusta sus prioridades, distribuye proporcionalmente su energía y se lanza hacia su siguiente misión, que con seguridad se encuentra en el mundo laboral.
>
> No hay malicia en su decisión. De hecho, es probable que ni siquiera esté consciente de que está cambiando la marcha. Si le preguntaran sobre su amor hacia su esposa, negará que le haya fallado en lo mínimo. La ama tanto como el día en que se casaron. Él simplemente está haciendo lo que ha estado destinado a hacer.

La mayoría de los hombres no se propone lastimar a sus esposas. Hacen lo que hacen sin pensarlo. Y, como ya mencionamos, los esposos no son los únicos que caen en este patrón. La entrada sin precedente de las mujeres en el mundo laboral ha puesto a las esposas en el mismo riesgo en lo que respecta a reenfocar la energía y descuidar el romance. En la actualidad, en muchos matrimonios ambos cónyuges realizan el destructivo cambio. Una joven pareja que conocemos fueron los mejores amigos durante la escuela secundaria, fueron novios felices durante la universidad y se casaron con la bendición de sus familias y amigos. Pero cinco años después de la boda se sentaron frente a frente en la sala y lloraron por la falta de emoción en su matrimonio. No eran incompatibles espiritualmente. No habían perdido el respeto mutuo. No experimentaban choques serios por sus temperamentos ni por la falta de habilidades para resolver conflictos. Simplemente, se habían entregado a sus carreras y habían descuidado el valorarse mutuamente.

Recientemente asistimos a una pequeña conferencia junto a varias parejas en el rango de los 50 a 60 años de edad. Observamos que muchos de los hombres se mostraban inusualmente atentos para con sus esposas. Ya que nos hallábamos trabajando en este libro, les preguntamos por qué se comportaban así. Casi sin excepción, los hombres dijeron: «Esta es mi segunda esposa. Durante mi primer matrimonio estuve demasiado preocupado por subir la escalera corporativa como para prestarle atención a mi esposa. La herí profundamente durante muchos años, y finalmente ella no pudo soportarlo más. Ahora estoy haciendo las cosas de una forma diferente. Pude haber perdido a mi primera esposa, pero no voy a arruinar las cosas otra vez».

Mientras algunas personas dejan que sus carreras se interpongan en el romance, para otras es la paternidad o la maternidad lo que las desvía. Se enfrascan tanto en sus responsabilidades de criar a un hijo que olvidan que son esposos y esposas en primer lugar y padres en segundo lugar. En su intento por darles lo mejor a sus hijos, fracasan al no darles lo que más necesitan: un papá y una mamá felizmente casados.

Pregunta Siete Provee tiempo para que las parejas hablen y reflexionen sobre las preguntas. Si es posible, permíteles moverse a lugares donde puedan hablar en privado. Haz que el grupo se reúna para un tiempo de conclusiones en el que se animen y se declaren responsables.

Sitúate en el cuadro

Desafía a los miembros del grupo a tomar un tiempo durante la próxima semana para utilizar parte de esta sección de aplicación como una oportunidad para continuar creciendo.

SOPLA LAS LLAMAS DEL MATRIMONIO

1 CORINTIOS 7:3-5

INTRODUCCIÓN

¿Se puede reconstruir un romance golpeado? ¿Se pueden volver a encender las ascuas desgastadas de los sentimientos moribundos? Pienso que sí. Pienso que el amor que acercó a una pareja durante el noviazgo puede recapturarse y mantenerse a pesar de las desilusiones y los reveses de un tiempo tormentoso. En esta sesión quiero dar algunas sugerencias prácticas para hacer precisamente eso.

El camino de regreso puede ser difícil. Las llamas pueden haberse agotado, pero existen maneras de soplarlas para que vuelvan a ser un fuego. Este es el deseo de Dios para cada pareja.

EL GRAN PANORAMA

Dedica unos momentos a leer esta introducción al grupo. Hallarás sugerencias de cómo hacerlo al principio de la sección del líder.

UNA AMPLIA PERSPECTIVA DE TU MUNDO

Pregunta Uno Dale tiempo a las parejas para que recuerden algunos de los buenos tiempos que han experimentado en el transcurso de los años en su relación. Además, fomenta una conversación honesta sobre algunos de los tiempos difíciles y las luchas que han enfrentado.

UN RETRATO BÍBLICO

Lee 1 Corintios 7:3-5

Pregunta Tres Pablo manifiesta con claridad que la abstinencia prolongada en un matrimonio no es saludable. Cada cónyuge debe reconocer que no solo se pertenece a sí mismo, sino también a su esposo/a. Una expresión sexual periódica y saludable debe ser parte de cada matrimonio cristiano.

Cuando una pareja pasa un tiempo prolongado sin expresión sexual, existe la posibilidad de ser tentados. Pablo nos advierte con claridad que el enemigo usará esto como una oportunidad para apelar a la falta de control de un hombre o de una mujer.

Esto, de ninguna manera, justifica la infidelidad o una conducta sexual inapropiada de una persona. Es simplemente una clara advertencia de que las parejas que no toman con seriedad la necesidad de una relación sexual saludable buscan problemas y tentaciones. Si vamos a soplar las llamas del romance y el matrimonio, es necesario que haya un compromiso para crecer en el aspecto de la expresión sexual así como en otros aspectos de la intimidad.

Este tema se comentará posteriormente en esta sesión.

Definir el enfoque

Lee la Instantánea «Hablen, hablen, hablen» antes de la pregunta 4.

Pregunta Cuatro Hace algunos años nuestra hija adolescente salió con un joven con quien pasaba los sábados por la tarde. Hacían mandados, hacían picnics en un bosque y conversaban. «¿Conversaban?», le preguntamos. «¿Toda la tarde? ¿Sobre qué?»

«Bueno, hablamos de todo un poco, de la escuela, la iglesia, nuestros amigos. Sobre lo que nos gusta y lo que nos disgusta. Sobre lo que vamos a hacer en el verano. Sobre nuestras metas. Sobre la universidad. Sobre lo que nos enoja o nos hace felices. ¡Sobre ustedes! Fue maravilloso».

¿Recuerdas cuando el día no era suficiente para conversar con tu cónyuge? ¿Recuerdas lo cerca que se sentían entre sí? ¿Recuerdas lo sintonizados que se sentían el uno con la otra?

Los esposos y las esposas deben encontrar comodidad en la presencia del otro. Su matrimonio debe ser un lugar de refugio. Debe haber una sensación interna de que «somos tú y yo contra el mundo». Pero eso nunca sucederá hasta que, con regularidad, los cónyuges tomen tiempo para comunicarse a profundidad. Es por eso que una cita semanal fuera de casa es tan importante, al igual que es necesario aprovechar cada oportunidad para «ponernos al día» sobre lo que le sucede a nuestro cónyuge. Una conversación de sobremesa después de cenar, mientras los niños limpian la mesa, o una caminata nocturna alrededor de la manzana, o incluso una llamada telefónica en la tarde para preguntar qué dijo el médico o cómo salió todo en una reunión, mantiene a los cónyuges informados y construye un sentido de unidad e interés, el cual se establece durante conversaciones más prolongadas y significativas.

Lee la Instantánea «No entierres tu herida» antes de la pregunta 5.

Pregunta Cinco Algunas parejas lidian con heridas pasadas mediante conversaciones honestas, el reconocimiento humilde de su propia culpa y un compromiso para cambiar sus conductas hacia su cónyuge. Cuando esto sucede, el gozo puede regresar al matrimonio, al igual que el romance.

Lo que complica el proceso es que a menudo ambos cónyuges han causado heridas y las han recibido. A veces un consejero ayuda a desenredar la confusión y asistir a los cónyuges para que reconozcan su dolor y, a la vez, sean sensibles al dolor del otro. De nuevo es tentador saltarse este paso. Pero acercarse a las heridas pasadas de un modo responsable, aunque esto signifique dedicar seis meses o un año a la consejería cristiana, hará la diferencia entre tener ascuas desgastadas o una fogata ardiente.

Luego de enfrentar las heridas pasadas y lidiar con ellas, puedes proteger tu nuevo sentido de unidad y ternura mediante el manejo de los nuevos conflictos según surjan. Planificar conversaciones pacíficas frecuentes limpiará el aire y evitará que las heridas se profundicen nuevamente. Nada destruye el romance como un conato de enojo. No es divertido abrazar a un puercoespín.

Lee la Instantánea «Corteja creativamente» antes de la pregunta 6.

Pregunta Seis Quizá quieras comenzar tomando unos minutos del almuerzo para escribirle una nota sencilla a tu cónyuge. «Estaba pensando en ti y quise decirte que te amo». «Si tuviera que hacerlo de nuevo, me casaría contigo de inmediato». «Me emociona pensar en lo que el futuro nos deparará». Luego, mándala por correo. Imagina cómo se sentirá tu cónyuge cuando lea tu nota de amor.

O quizá quieras considerar llamar a tu cónyuge durante el día sin tener una razón para hacerlo. «Hola, ¿cómo estás? Me preguntaba cómo te iba hoy». Significa tanto para un esposo o una esposa saber que su cónyuge piensa en él/ella y que se tomó el tiempo para decirlo.

El contacto físico no sexual es otra parte importante del cortejo. Si tu primera respuesta a esa oración es que no tiene sentido alguno, no hay que extrañarse de que el romance se consumiera en tu matrimonio. De la misma forma que el contacto sexual es tan importante para tener un matrimonio lleno de romance, el contacto cálido, amoroso y no sexual es esencial. Hablaremos de ello después.

Demasiados esposos se limitan a darse un beso obligatorio cuando salen cada uno por su lado en las mañanas y luego repiten la rutina cuando se saludan en las noches. Sus labios se tocan pero apenas lo saben. Se convirtió en una respuesta involuntaria. Agregar un poco de variedad al contacto físico hace que se salga del piloto automático y se logre volver el sentimiento. Cuando haces una caminata después de la cena, te acercas y tomas la mano de tu cónyuge, piensa en lo que estás haciendo. Deja que las manos entrelazadas simbolicen el compromiso para toda la vida que se hicieron mutuamente. Mientras tu cónyuge lee el periódico, inclínate y suavemente acaricia su cuello; piensa en esto como si fuera un acto de ternura y alivio, como una forma de aliviar el estrés de un día ocupado. El contacto físico respaldado por el sentimiento es una combinación que puede volver a encender una llama a punto de apagarse.

Las flores todavía llaman al romance. Pero no compres una simple oferta. Recuerda tus días de noviazgo. ¿Tenía tu esposa una flor preferida? ¿Había alguna ocasión especial que se conmemorara a través de una rosa roja? ¿Recuerdas alguna noche romántica que se completara con un hermoso corsage? Sé creativo. Cuando vayas a cenar, dále a tu esposa una orquídea morada como la que usó para su graduación de la secundaria. Cómprale un bouquet de rosas en honor a las flores que llevó el día de su boda.

Si las flores jamás tuvieron lugar en el baúl de tus recuerdos, no te desesperes. Pregúntale a tu esposa qué tipo de flores le gustan. Es probable que no lo recuerde, ya que ha pasado tanto tiempo desde que esas cosas eran importantes, pero dale un tiempo. Una vez que se le pase la impresión y vuelva a sus sentidos, ella describirá el bouquet perfecto. Ordenar precisamente lo que ella describa le manifestará que te importan sus preferencias, deseos y gustos. Esto le dirá: «Todavía te valoro».

Salir en citas es otra parte importante del matrimonio. Tenemos amigos que desde el lunes anterior ya están hablando de la cita que tendrán el viernes por la noche. Revisan la sección de entretenimientos del periódico del domingo, consideran varias opciones y luego deciden juntos lo que quieren hacer. De ahí que tienen toda la semana para esperar la realización de sus planes y recordárselos mutuamente a través de notas o llamadas telefónicas: «El viernes por la noche vamos a pasar un gran tiempo juntos», o «ha sido una larga semana, pero pronto vamos a celebrar». Cada uno hace que la velada sea más especial al vestirse con prendas que en particular le gustan a su cónyuge.

Otro aspecto del cortejo creativo es servirse mutuamente. Durante la escuela secundaria, el joven carga los libros de la chica y ella le hornea galletas de chocolate. En la universidad, él carga sus maletas y ella mecanografía sus papeles para el trabajo de la clase. Tras comprometerse en matrimonio, él le arregla su carro y ella lava su ropa (o viceversa).

Sin embargo, seis meses después de la boda, se quitan sus uniformes de siervos y, repentinamente, se tornan autosuficientes. Esconden sus uniformes en el fondo del ropero del pasillo y, con ellos, aquellos buenos sentimientos que el servicio produce. Si un esposo y una esposa desean revivir esos sentimientos, necesitan meterse nuevamente en esos uniformes, sacudirse el polvo de los hombros y volver a servirse mutuamente. Descubrir y ofrecer con gozo pequeños actos de servicio que traigan un deleite especial al cónyuge es una excelente manera de cambiar el tono de una relación.

El cortejo creativo también incluye inspirar a nuestro cónyuge. ¿Recuerdas cuán a menudo solían animarse mutuamente cuando eran novios? «¡Tienes tanto potencial!» «Puedes tener éxito en cualquier cosa que escojas hacer». «Has nacido para el teatro, desempeñaste tu papel perfectamente». «Voy a estar a tu lado sin importar nada». «Ansío ver cómo despuntarás». «Fue grandioso ver cómo lidiaste con el tráfico esta tarde». «Tienes excelentes talentos y habilidades». «Estoy muy orgullosa de ti». Pero ahora que te has acomodado a las rutinas de la vida, ¿le prestas atención a lo que tu cónyuge hace? ¿Haces comentarios sobre los logros o lo/a animas después de un fracaso? ¿Eres el mayor fan de tu cónyuge?

Lee la Instantánea «El lenguaje del amor» antes de la pregunta 7.

Pregunta Siete ¿Sabes cuál lenguaje de amor es importante para tu cónyuge? Durante años presumí que la mejor manera para convencer a Lynne de que yo la amaba era recordarle una y otra vez por qué me había casado con ella. «Realmente aprecio tu espiritualidad», le decía, «y tu inteligencia y tu buen juicio. Respeto tu carácter y pienso que algún día serás una buena madre». Estaba seguro de que con eso la hacía sentir amada. Pero eso no funcionaba. Lo apreciaba, pero no era suficiente para convencerla de mi amor. Ella necesitaba recibir amor a través del lenguaje del tacto, necesitaba mucho afecto físico. También necesitaba mi tiempo. Necesitaba que regularmente yo tomara la iniciativa de apartar un tiempo tranquilo para estar juntos. Durante años, no le di nada de eso.

¿Por qué asumí que las expresiones orales de amor funcionarían? Porque ese era el lenguaje de amor que yo prefería. Cuando Lynne me decía que estaba orgullosa de algo que yo había hecho o que amaba cierto aspecto de mi carácter o personalidad, me sentía genial. No necesitaba que me abrazara o que tomara mi mano o que pasara largos ratos conmigo tanto como que me edificara con sus palabras. Necesitaba saber que ella amaba y respetaba las cualidades únicas que me conformaban. Así que presumí que eso era lo que ella necesitaba.

Hacer presunciones acerca del lenguaje de amor que tu cónyuge prefiere a menudo conduce a la desilusión y, a veces, hasta a malos entendidos.

Sitúate en el cuadro

Desafía a los miembros del grupo a tomar un tiempo durante la próxima semana para utilizar parte de esta sección de aplicación como una oportunidad para continuar creciendo.

Notas adicionales del líder

Te animo a guiar a los miembros del grupo a esta sección de las notas del líder para su propia conversación como pareja. El tema y la importancia de las relaciones sexuales no pueden ignorarse. Sin embargo, una conversación en el contexto de un grupo pequeño podría ser demasiado vulnerable para algunas personas. Por esta razón, he puesto estas notas en esta porción del estudio. Sería bueno que todas las parejas del grupo leyeran juntos esta sección.

Las relaciones sexuales mutuamente satisfactorias comienzan con la comunicación, el cortejo creativo, las expresiones significativas de amor y la diversión compartida. El acto sexual en sí es la culminación de una serie de encuentros que prepararon la atmósfera y crearon el deseo de una intimidad física total y amorosa.

Las relaciones sexuales deben ser la diversión fundamental que una pareja comparta. Por desgracia, para muchas parejas, incluyéndonos a mi esposa y a mí durante los primeros años de nuestro matrimonio, las relaciones sexuales ofrecieron más frustraciones que diversiones. Un pequeño porcentaje de parejas sufre verdaderas disfunciones sexuales por causas físicas o sicológicas. Yo animaría a estas parejas a consultar a un médico o un consejero cristiano. Brindar respuestas simplistas a sus problemas complejos solo incrementaría su frustración.

Aparte de las disfunciones sexuales, la sexualidad humana es muy compleja, y la afecta una gran variedad de factores personales y relacionales. Obviamente, en tan solo unas cuantas páginas no podemos estudiar profundamente un tema tan amplio. Sin embargo, he descubierto que muchas parejas, que están en el proceso de reconstruir el romance, pueden beneficiarse de un leve cambio de actitud o de ideas frescas en cuanto a la experiencia sexual. Eso es lo que Lynne y yo necesitábamos.

Diversión, ¿para quién?

Como muchas parejas jóvenes recién casadas, Lynne y yo leímos muchos libros sobre relaciones sexuales. Con facilidad desechábamos a los autores que veían la penetración sexual como un medio de procreación y apreciábamos a los autores que reconocían que Dios diseñó la sexualidad humana, al menos en parte, para el placer de las personas casadas. Esos autores describían el placer sexual como un regalo invaluable que los cónyuges se pueden dar entre sí, un regalo que, en efecto, ellos *deben* darse mutuamente.

La noción de las relaciones sexuales como algo importante que debemos darles a nuestros cónyuges es bíblica. En 1 Corintios 7 se nos enseña claramente que los esposos deben cumplir su «deber conyugal» mutuo, y que no deben «negarse». Según este pasaje, la esposa no tiene autoridad sobre su propio cuerpo, su esposo la tiene. De manera similar, ella tiene la autoridad sobre el cuerpo de su esposo. Estos versículos no son recordatorios sutiles de que cada uno le debemos a nuestro cónyuge una relación sexual satisfactoria. Después de todo, somos la única opción sexual de nuestro cónyuge. El compromiso de la fidelidad marital, el cual toda pareja cristiana sincera debe hacer, significa que si no encontramos satisfacción sexual en nuestro matrimonio, no la encontramos. Es tan simple, y a veces tan trágico, como eso. Cada uno de nosotros debe tomar la responsabilidad sexual con seriedad y amor y, con entusiasmo, hacer todo lo que esté a nuestro alcance para cumplir y satisfacer las necesidades y los deseos sexuales de nuestro cónyuge.

Después de decir eso, deseo mencionar en breves palabras el lado oscuro de las relaciones sexuales saludables. Creo que hacer demasiado énfasis en las relaciones sexuales como algo que uno hace por su cónyuge puede ejercer un efecto negativo en las actitudes de las personas. Para ellas, el sexo se convierte en otra obligación, otra tarea que necesitan hacer para ser una «buena esposa» o un «buen esposo». Olvidan que el sexo es algo que *ellos* deben disfrutar.

Algunas personas no disfrutan las relaciones sexuales porque no disfrutan su propia sexualidad. De hecho, algunos esposos y algunas esposas ni siquiera se ven como seres sexuales. Tienen relaciones sexuales como una conducta que no se relaciona con su carácter y que realizan al final de un día ocupado, en lugar de ser una extensión natural de una importante dimensión de quiénes son. Estas personas se interesarían más y se volverían compañeros sexuales más interesantes si se permitieran disfrutar su sexualidad, si la vieran como una parte importante de su identidad y si se deleitaran en sobresalir sexualmente. Las personas que asumen un enfoque positivo de su sexualidad, y se comprometen consigo mismas a desarrollar sus habilidades sexuales así como desarrollan sus otros talentos y habilidades, cultivan una confianza sexual que las libera para volverse participantes activos en lugar de pasivos en sus relaciones sexuales. En cuanto a las relaciones sexuales, se convierten en personas que toman la iniciativa en lugar de ser personas que simplemente reaccionan a ellas. Y esto les brinda un gran placer a sus cónyuges.

Cómo iniciar

Las relaciones sexuales divertidas no comienzan en el dormitorio. Se inician en la cocina, durante un momento privado cuando un toque no sexual se desliza hacia el dominio de lo abiertamente sexual. Comienzan con una sugerencia juguetona con intención sexual, o una insinuación sexual no tan sutil o un comentario coqueto bien hecho.

Con los años hemos desarrollado nuestro propio lenguaje físico de *amor*. Cuando me marcho en la noche y Lynne me susurra al oído: «Si regresas temprano a casa después de tu reunión, haré que la espera haya valido la pena», no necesito preguntarme qué quiso decir. Sé que esa es una invitación abierta y puedes apostar que regreso a casa a tiempo. ¡Esto puede explicar la eficacia de nuestras reuniones de la junta directiva!

Cuando estoy de viaje y llamo a casa, si Lynne me dice: «No sabes lo que te perderás esta noche», sé que es su manera de decirme que tengo a una esposa interesada esperándome en casa. Y, en verdad, eso me tienta a subirme en un avión rumbo a O'Hare.

Otra forma de alimentar el deseo sexual implica fomentarse mutuamente el concepto de ser deseable. Los esposos y las esposas estarán mucho más interesados en las relaciones sexuales si sienten que son compañeros sexuales deseables.

La forma en que nos vestimos es otra forma de avivar, o apagar, el deseo sexual. La mayoría de los cónyuges admite que lo que su esposo o esposa viste afecta su interés sexual.

Mantener una buena salud es otra forma de mejorar el interés sexual. Tener un sentido de bienestar y una mayor conciencia de nuestros cuerpos, la cual se deriva del ejercicio frecuente, mejora la sexualidad.

Asimismo, es de suma importancia comer comidas balanceadas y dormir lo suficiente. Todos sabemos que el cansancio es uno de los principales obstáculos para las relaciones sexuales.

Otros obstáculos seguros son la hostilidad y la falta de creatividad. Manejar esas hostilidades escondidas y aprender a cortejar creativamente son esenciales para mejorar el interés sexual.

Una vez más, hablen, hablen, hablen

La relación física de cada pareja es única. Algunas parejas no podrían imaginar un encuentro sexual sin música y velas. Otras prefieren el silencio y el manto de la oscuridad. La fatiga impide que un encuentro nocturno sea factible para algunas personas, prefieren estar juntas en la mañana. Para otras, hasta el solo hecho de pensar en un encuentro sexual matutino les provoca risa. También es muy variable la frecuencia preferida de las relaciones sexuales.

En lugar de copiar a Hollywood o a otras parejas, ¿por qué no desarrollas tu propio estilo sexual? Experimenta. Explora nuevas formas de expresión sexual. Y, sobre todo, comunícate. Habla sobre tu relación sexual de forma abierta, vulnerable, específica y regular.

Existe una correlación directa entre el nivel de comunicación sexual de una pareja y su nivel de cumplimiento sexual. Muchas personas esperan que sus cónyuges «simplemente sepan» lo que ellas quieren en términos sexuales y luego arman un pequeño escándalo cuando sus cónyuges no pueden adivinarlo.

Una opción más constructiva es hablar abiertamente sobre los asuntos que se relacionan directamente con la sexualidad. Puedes sugerir maneras para que tu cónyuge te ayude a sentirte más deseable sexualmente y pedirle ideas sobre cómo puedes hacer lo mismo a cambio. Otra idea es describir los tipos de circunstancias, situaciones o conversaciones que con mayor probabilidad podrían encender su interés sexual. Además, podrían hablar sobre aquellas cosas que, con seguridad, apagarían el interés, aquellos obstáculos sexuales personales, aquellas desilusiones sexuales del pasado. O podrían describir sus mejores recuerdos sexuales más recientes y explicar qué hizo que esas experiencias fueran tan buenas. Intercambiar ideas específicas sobre lo que cada uno puede hacer, decir o vestir para capturar la atención sexual del otro también podría resultar beneficioso.

Para algunas parejas estas preguntas representan una terrible amenaza. Con frecuencia, a los esposos y a las esposas que nunca han hablado abiertamente sobre sus relaciones sexuales les cuesta mucho comenzar a hacerlo. Escoger una pregunta y hablar al respecto luego de un día divertido podría ser la mejor manera para que estas parejas comiencen. Con el tiempo, podrán pasar a una conversación más profunda ¡y hasta iniciar una pequeña investigación secreta!

Una comunicación sensible y abierta representa un gran desafío, ya sea que estés hablando respecto a la acumulación de enojo o respecto a cómo sazonar una relación sexual no muy apetecible. Pero esta siempre paga dividendos altos. Así que, pruébala. Acomoda las almohadas en tu cama, ponte cómodo y conversa acerca del sexo abiertamente con tu cónyuge. Puede ser que te alegres de haberlo hecho.

Nosotros nos alegramos.

VIVIR EN UNA CRISIS CONSTANTE

SALMO 46

INTRODUCCIÓN

Solo un pequeño punto de debilidad en el talón condujo a la muerte del místico guerrero en la Guerra de Troya. Desde tiempos clásicos hemos tomado de la leyenda griega la noción que una irritable vulnerabilidad tiene el poder de derrotar a cualquier hombre o mujer fuerte. Todos tenemos un «talón de Aquiles». Los entendidos entre nosotros, aquellos que reconocen sus debilidades y se protegen cuidadosamente de los ataques, se mantienen firmes; los necios, aquellos que dejan sus debilidades al descubierto, se hunden en la batalla.

Un problema con el talón de Aquiles, en cualquier forma que adquiera, es que nos persigue en el matrimonio. En este estudio, veremos un talón de Aquiles que hoy día parece molestar a demasiadas parejas. Vivimos en una sociedad pujante. Muchos hombres y mujeres viven con un estrés increíble debido a sus ocupados horarios, excesivos compromisos y trabajo compulsivo. No es de extrañarse que tantos matrimonios estén sufriendo. En muchos matrimonios, uno o ambos cónyuges mantienen casi todo el tiempo las revoluciones por minuto de su vida en la zona roja de peligro.

Necesitamos aprender a disminuir la velocidad. En medio de las ocupaciones de la vida, necesitamos estar quietos y saber que Dios está en control. Además, necesitamos aprender a disminuir nuestra marcha y descubrir cómo recargar nuestras baterías emocionales cuando se agota su potencia. Este último estudio trata acerca de aprender a salir de las crisis constantes.

El gran panorama

Dedica unos momentos a leer esta introducción al grupo. Hallarás sugerencias de cómo hacerlo al principio de la sección del líder.

Un retrato bíblico

Lee el Salmo 46

Pregunta Tres El salmista es muy honesto en cuanto a los tumultos y las luchas que forman parte de la vida. En medio de la tormenta se nos llama a encontrar refugio y fuerza en Dios. Solo cuando aprendemos a caminar con nuestro Dios podemos esperar que nuestras vidas se mantengan balanceadas. Esto es cierto en cada aspecto de la vida, incluyendo el matrimonio. Cuando permitimos que la vida gire sin control alrededor de las ocupaciones, los horarios insanos y el trabajo compulsivo, es fácil confundir nuestras prioridades. No queda tiempo para estar en calma delante de Dios. No hay cabida para el crecimiento como seguidor de Cristo. Necesitamos evaluar nuestras vidas con honestidad y ver qué debemos dejar de lado a fin de tener tiempo para estar quietos delante de Dios y también invertirnos nosotros mismos en una relación significativa con nuestro cónyuge.

Definir el enfoque

Lee la Instantánea «Atrapados en zona peligrosa» antes de la pregunta 4.

Pregunta Cuatro Si durante mucho tiempo mantienes las revoluciones por minuto en la zona roja de peligro, tendrás muchas consecuencias. Primero, tiendes a economizar en tus relaciones. El lazo con tu cónyuge que solía ser fuerte e íntimo se vuelve cada vez más débil y distante. Esperas que él o ella no tenga ninguna necesidad seria porque no tienes energía para lidiar con estas. Si surgen conflictos, navegas en aguas superficiales. Le pones curitas a los problemas serios. Recurres a soluciones rápidas y pretendes creer que realmente las cosas no andan tan mal.

Asimismo, economizas con tus hijos. Ya no estás tan pendiente de ellos. Ya no sabes qué está ocurriendo en sus vidas. Las pequeñas señales de problemas llaman tu atención, pero las sacas de tu mente. Aunque ondulen banderas de advertencia, vuelves tu cabeza hacia otro lugar. No tienes la energía para enfrentarlas, o por lo menos no la tienes ahora. Quizá mañana. O tal vez simplemente se alejen.

Tus amistades que solían ser tan profundas y confiables ahora se caracterizan por su superficialidad. Ni siquiera siguen existiendo tus amistades casuales. Dentro de poco nadie tendrá acceso a ti porque estás muy ocupado haciendo malabarismos y dando vueltas.

También economizas en tu relación con Dios. Reduces tus oraciones a lamentos de desesperación. Reduces la adoración a un acto de agradecimiento a Dios por ayudarte a sobrevivir la locura de otra semana. Corres tanto que no te ocupas de la reflexión o la meditación, la introspección o la confesión. Empiezas a racionalizar pequeños pecados y luego los grandes. Antes de percatarte, has viajado lejos de la inocencia espiritual.

Después comienzas a economizar emocionalmente. Reconoces que tu enojo se enciende más de lo que solía suceder, pero no tienes tiempo para descubrir por qué. Ya no le prestas atención a los sentimientos como la pena, la tristeza o la culpa. Te conviertes en un soldado mecánico: Simplemente sigues marchando, haciendo lo que es necesario y guardando tus sentimientos en lo más profundo de tu interior. Si supieras que esos sentimientos acumulados se están agrupando y planificando una insurrección emocional que algún día te ahuyentará la luz del día, les prestarías atención. Pero tú no lo sabes. Además, no tienes la energía para espiar debajo de las piedras y caminar por el cieno pegajoso de tu vida emocional. No tienes tiempo de mirar hacia adentro.

Lee la Instantánea «Un corazón estrujado» antes de la pregunta 5

Pregunta Cinco Durante el verano que siguió al choque emocional descrito al inicio de esta sesión, aprendí de primera mano la realidad de un corazón estrujado. Aunque había comenzado a hacer algunos cambios de vida necesarios, todavía me hallaba desgastado emocionalmente cuando Lynne, los niños y yo llegamos a Michigan para nuestra vacación anual de verano.

Al día siguiente de nuestra llegada conversé con un amigo en una tienda de la localidad. Justo cuando terminamos nuestra conversación y me dirigí hacia la salida, me fijé en un veterano de la guerra de Vietnam que andaba en una silla de ruedas motorizada y a quien había visto en el pueblo el verano anterior. Él también estaba por salir de la tienda y llegó a la salida un poco antes que yo. Mientras esperaba impacientemente que maniobrara su silla de ruedas por la estrecha puerta, una certeza inquietante comenzó a revolverse en mi interior.

Percibí al Espíritu Santo que me decía: «Bill, échale un vistazo a tu interior en este mismo momento. ¿No es cierto que estás más perturbado por la inconveniencia de esperar treinta segundos para salir por esta puerta que por los sueños rotos que este hombre carga cada día de su vida? ¿No es cierto que tu insignificante inconveniencia causa más dolor en tu corazón que la tragedia de este hombre?»

Caminé hacia mi carro pensando: *¿Qué anda mal en mí? Solía amar a las personas. Solía tener compasión. Me sentía movido por los perdidos, los necesitados, los heridos. Y ahora, lo único que me importa es mi conveniencia: «No me molestes, amigo. Quítate de mi camino». ¡Deberían arrestarme!*

Pasé las siguientes cuatro a cinco semanas reabasteciéndome emocionalmente. Me separé a mí mismo de las presiones del ministerio. Leí libros por el placer de leerlos. Realicé actividades divertidas y relajantes con mi familia. Disfruté alegres conversaciones con amigos cercanos. Pasé tiempo a solas.

Una tarde, mientras corría, vi al mismo veterano de Vietnam andando en su silla de ruedas por la acera del frente. Cuando se hallaba justo frente a mí, volví a mirarlo. Nuestros ojos se encontraron, y fue como si Dios me diera una visión de rayos X. Sentí como si estuviera explorando en lo más profundo de su alma, y comencé a clamar por la congoja de su vida. Él tenía casi mi misma edad, y probablemente había tenido los mismos sueños y las mismas aspiraciones que yo tuve en mi juventud. Pero en algún lugar de la selva hostil se paró en una mina y toda su vida se hizo añicos.

El hombre giró su silla de ruedas y subió por una rampa de concreto hacia una pequeña casa de madera, y yo me entristecí al verlo desaparecer. Quería alcanzarlo, hablar con él, mostrarle que su vida me importaba. Me embargó la emoción.

Al proseguir mi marcha, pensé en lo sucedido. Sentí que el Espíritu Santo me decía: «Estás regresando, Bill. Se están llenando tus tanques emocionales y otra vez estás comenzando a sentir. De nuevo estás empezando a sentir compasión».

Lee la Instantánea «Opta por una carga gradual» antes de la pregunta 6

Pregunta Siete La tecnología moderna hace posible que los hombres y las mujeres llevemos grandes cantidades de responsabilidades y que cuente cada minuto. Un pastor puede dirigir reuniones de planeamiento desde el teléfono de su auto, camino al aeropuerto, escribir sermones en su computador portátil en el avión, predicar en cinco ciudades durante dos días y enviar por fax memorándums de último minuto a su equipo de la iglesia. Y esta historia se repite en las demás profesiones.

Concluimos una actividad que nos agota emocionalmente y tenemos quince minutos antes de comenzar la otra. Corremos hacia el horno microondas, metemos un plato de pasta y luego de treinta segundos nos quejamos: «¡esta cosa se tarda una eternidad!» La velocidad de nuestras vidas imposibilita una recarga.

En el tiempo de Jesús, quizá era más fácil llevar una vida balanceada. Imagina que Jesús, después de hablarle a una multitud en Jerusalén, decide caminar unas quince millas hacia Jericó con sus doce discípulos. Caminan durante un par de horas, luego se detienen para refrescarse debajo de una higuera. Cuentan chistes, se comen unas cuantas uvas y luego, lentamente, inician la marcha. Un poco después hacen una pausa en un pozo y conversan con otros viajeros que se hallan dando agua a sus camellos, para después saborear la bebida antes de proseguir la marcha. Antes de darse cuenta ya es hora de cenar, así que deambulan por el camino trillado para recoger leña y encender una fogata. Rápidamente forman un montón de ramas secas encendidas, pero deben esperar un rato para que las brasas se calienten. Al terminar la cena ya es de noche, no es tiempo de seguir el viaje, así que se acomodan para pasar la noche y se reúnen alrededor de la fogata para conversar sobre lo ocurrido durante el día.

No intento minimizar las dificultades de los viajes que se hacían en el siglo I, pero es más que probable que algo muy saludable sucediera durante esas largas horas de actividad mundana. Había ejercicio físico, conversaciones amistosas, largos períodos de calma para la reflexión y la planificación y mucho tiempo para que las reservas emocionales se recargaran por completo antes de la siguiente demanda agotadora.

Lee la Instantánea «Atrévete a simplificar tu vida» antes de la pregunta 8

Pregunta Ocho En su libro *Downshifting* («Simplicidad voluntaria»), que publicó HarperCollins, Amy Saltzman, editora asociada de U.S. News & World Report, describe los «románticos y graciosos porches» que adornan las casas en la Calle Newark en Washington, D.C. Ella los describe como «hechos a la medida para leer a Faulkner, conversar con los vecinos mientras ves pasar la vida». No obstante, admite que durante sus caminatas por la Calle Newark nunca vio a nadie sentado en esos porches envidiables y perfectos. Los profesionales jóvenes y exitosos subían y bajaban los escalones aprisa, pero nadie tenía tiempo para detenerse. Eso, dice Saltzman, «lo decía todo» respecto a la marcha insana de las vidas de muchas personas.

Saltzman sugiere formas creativas y prácticas para que los que están emocionalmente apresurados y desgastados cambien la velocidad a patrones de vida más agradables. Ella dice que las personas deben redefinir la noción de éxito en sus propios términos y vivir acorde a esas nuevas imágenes.

«Las nuevas imágenes en las cabezas de los que simplifican sus vidas son más elocuentes, consideradas y, finalmente, más satisfactorias. Puede ser que el porche no sea tan grandioso o que la casa que le sigue no sea tan grande, pero en esta nueva imagen están sentados en ese porche, conversan con sus vecinos, escriben una carta a un amigo y vuelven a leer su libro clásico favorito».

Las personas que viven en una crisis constante raramente se sientan en los porches a conversar con sus vecinos. Raramente escriben cartas a los amigos o vuelven a leer sus libros favoritos. Y, debo agregar, raramente tienen matrimonios cálidos y satisfactorios.

¿Qué de ti?

Por supuesto, puede ser que no estés viviendo en una crisis constante. Quizá la amenaza del desgaste emocional no es tu talón de Aquiles. Pero a menos que seas un ejemplar de la excepción de la regla, tú tienes una zona de debilidad. Tú tienes un aspecto de vulnerabilidad.

Quizá tengas un temperamento incontrolable que se alimenta con los problemas irresolutos de tu pasado o los recuerdos de la infancia que te persiguen y hacen que te alejes de tu cónyuge. Quizá tengas una baja autoestima que te vuelve irracionalmente celoso o inseguro. Quizá no te lleves bien con tus padres y descargas tu frustración en tu cónyuge.

Si este capítulo no logra más que esto, espero que te motive a descubrir tu talón de Aquiles, reconocer el efecto negativo que ejerce sobre ti como individuo y como cónyuge y que des pasos para volverte saludable, íntegro y fuerte.

No estamos sugiriendo que el cambio será fácil o que se efectuará rápidamente. Hacer mi viaje de regreso a la integridad me tomó un año entero. Pero al final de ese año me sentí como una persona diferente. De nuevo tenía energía para vivir. Otra vez volví a ser un contribuyente para mi familia y mi matrimonio volvió a emocionarme.

Sitúate en el cuadro

Desafía a los miembros del grupo a tomar un tiempo durante la próxima semana para utilizar parte de esta sección de aplicación como una oportunidad para continuar creciendo.

Cómo criar hijos espiritualmente sanos

CRIANZA

Introducción: Cómo criar hijos espiritualmente sanos

La escena es una cabaña en las montañas rocosas. El grupo es totalmente masculino. La mayoría de nosotros somos líderes de corporaciones o ministerios cristianos. La pregunta que nos hicieron era: «¿Cómo te sentiste acerca de tus padres durante el tiempo de la crianza?» Lo que sucedió luego fue una sesión que jamás olvidaré. Fue un atardecer emocionante.

Un hombre dijo: «Mi papá fue mi héroe. No solo un modelo y mentor para mí, sino mi confidente y mejor amigo».

Otro miraba al piso y con una voz cuidadosamente controlada dijo: «Mi papá fue un alcohólico lleno de ira, era tan inconstante que hacía de mi vida una pesadilla en vida. Lo odié todos los días de mi vida. Y mientras más reconozco lo que le hizo a mi mamá, a mis hermanos y hermanas, más detesto a ese hombre. Fue un desastre».

Otro dijo con orgullo: «Mi mamá merece el medallón de corazón púrpura. Crió a cuatro hijos durante la depresión. Trabajaba de noche, todas las noches. Y, sin embargo, tenía tiempo para asegurarse de que tuviéramos almuerzos que llevar a la escuela, ropa limpia y camas cálidas. No sabemos cómo lo hizo; la llamamos una santa. Era la persona más piadosa y desprendida que he conocido. Ya no fabrican personas como mi mamá».

Más tarde un joven en el grupo dijo: «Ahora que considero esto, mi mamá era como una persona inexistente. Hasta el día de hoy sigo sin entender cómo pudo aceptar la degradación que recibía de mi padre. Nunca le hizo frente. Nunca definió los límites de su territorio. Nunca expresó un punto de vista contrario. Solo existió. Realmente nunca la conocí».

Hora tras hora, hasta tarde en la noche, estos hombres siguieron hablando acerca de sus padres. Lo que noté fue que los comentarios que cada uno de ellos hacía acerca de sus padres, estaba repleto de emoción. Digas lo que digas acerca del tema de la familia, una cosa es segura: pocos temas nos tocan tan profundamente como los asuntos de la familia.

En esta guía de estudio para grupos pequeños nos enfrentaremos con temas de suprema importancia para nosotros: Cómo decidir si debes tener hijos, cómo aprender a criar hijos íntegros y saludables, cómo afirmar las cualidades únicas de cada niño, cómo atender los errores que los padres cometen, el hogar como centro de curación y la enseñanza de la fe en el hogar. Aunque estos pueden ser tópicos cargados de emoción, son temas cruciales si vamos a ser los padres que Dios quiere que seamos.

Algunos vienen a un estudio como este entusiasmados por lo que van a aprender. Es posible que otros estén buscando desesperadamente cómo hacerle frente al trauma que este tema les provoca. Tal vez vivas con el trauma de una crianza en un hogar que no funcionó bien. Algunos estarán lidiando con el trauma de las dinámicas familiares distorsionadas que dejaron huellas y cicatrices hondas. Con la ayuda de Dios, esta serie de Interacciones puede ser una herramienta para aprender y también sanar.

Bill Hybels.

¿SER O NO SER?

EL GRAN PANORAMA

«¿Cuándo vas a empezar a tener hijos?» Esta es la pregunta que tantas parejas escuchan después que se casan. Las amistades y los miembros de la familia a veces hasta hacen esta pregunta *antes* de que la pareja se case. Tal parece que el matrimonio y los hijos van juntos. Muchas personas abordan este tema con una presuposición ya concebida de que se espera y obliga a todos aquellos que se casan que tengan hijos.

En años recientes yo comencé a luchar con esta presuposición. Comencé a preguntarme si cada pareja casada *debe* tener hijos. En el pasado hasta hablé sobre este tópico y escribí algunas de mis creencias personales acerca de esta idea de que todas las parejas casadas deben progresar naturalmente hasta tener una familia.

Descubrí de primera mano lo controversial que es este tema después de publicar un libro que escribí titulado *Honest to God?*. Enterrado en una parte remota del capítulo siete, yo mencioné que quizás por causa del tiempo en que vivimos tal vez sea hora de que las parejas casadas piensen dos veces antes de comenzar una familia. Tal vez sea hora de someter a oración y a un análisis concienzudo una decisión de esta magnitud antes de hacer planes para salir en estado dos años después de la boda. Hasta me atreví a sugerir que quizás, solo quizás, hayan razones válidas para esperar un tiempo antes de tener hijos. Y muy posiblemente hayan algunas razones válidas por la cual Dios guía a algunas parejas a decidir no tener hijos.

Poco sabía yo cuántas personas se pondrían bravas con esa noción. Comenzaron a llegar cartas de protesta. A medida que leía el razonamiento detrás de algunas de esas protestas, me descubrí más motivado que nunca antes para hacer constar que *ser padres tal vez no sea para todos.* También me descubrí motivado a declarar con claridad que traer hijos al mundo actual es una decisión que debe involucrar muchas oraciones sinceras y una gran sobriedad.

UNA AMPLIA PERSPECTIVA DE TU MUNDO

1 Responde a estas declaraciones:

Hay algunas parejas que nunca debieran tener hijos.

Vivimos días en que la oración y la reflexión seria debe preceder a la decisión de tener hijos de cualquier pareja.

El matrimonio es acerca de la familia. Si una pareja se casa, deben planear tener hijos. Esto es lo que Dios ideó para el matrimonio.

UN RETRATO BÍBLICO

Lee Colosenses 3:18-21

2 En este pasaje encontramos palabras de desafío para los miembros de la familia. Tomen un momento y pongan cada desafío en sus propias palabras.

v. 18: Esposas…

v. 19: Esposos...

v. 20: Hijos...

v. 21: Padres ...

¿Qué clase de espíritu comenzará a desarrollarse en una familia que sigue estos desafíos bíblicos?

3 ¿Por qué es esencial la sumisión mutua y el amor mutuo entre un esposo y una esposa que están considerando criar hijos saludables?

La sumisión mutua y el amor mutuo, ¿a qué guía y qué impide?

DEFINIR EL ENFOQUE

Lee la Instantánea «Los tiempos han cambiado»

Los tiempos han cambiado

El mundo actual en el cual criamos hijos es dramáticamente diferente al de hace solo una o dos décadas. En el 1960 cantábamos *I want to hold your hand* [Quiero sostener tu mano]. Hoy los de quinto grado cantan *I want your sex* [Quiero tu sexo]. Cuando yo era un muchacho, Eddie Haskell en *Leave It to Beaver* [Déjaselo a Beaver] era el más travieso de los muchachos en la televisión. Mi madre me llevaba a un lado y decía: «Nunca andes con tipos como Eddie Haskell. Ellos echarán a perder tu vida». Hoy tú cambias de canales y estás bombardeado con programas que sensacionalizan el abuso sexual, el incesto, la homosexualidad y los rituales de los asesinatos inspirados por Satán. Los tiempos han cambiado.

4 ¿Qué cambios has visto en el mundo, desde que tú eras un niño, en los siguientes aspectos?

- Los medios de comunicación (música, televisión y películas)

- Puntos de vista de la sexualidad

- Respeto a las autoridades

- Abuso de sustancias

- La importancia de la familia

5 ¿Cómo estos cambios impactan a los niños que están creciendo hoy?

¿Qué temores personales o preocupaciones tú experimentas cuando piensas en criar tus hijos?

Lee la Instantánea «Padres heridos»

Padres heridos

Los padres de estos días tienen la tendencia de estar más heridos que los de hace una generación. Encuestas de parejas casadas entre los veinte y veinticinco años revelan que una cantidad alarmante de estos esposos y esposas vienen de familias divorciadas, familias problemáticas y hogares disfuncionales, o se criaron con abusadores de alcohol o drogas. Cantidades récords de esposos y esposas han sido abusados física, emocional o sexualmente. Como puedes esperar, estos traumas tienen la tendencia de causar heridas profundas en las vidas de los esposos y las esposas. Si estas heridas no se tratan con cuidado y no se procesan por completo, a menudo terminan por infectar y envenenar las relaciones matrimoniales. Y si los hijos ya están en esa escena, inevitablemente la toxicidad de las heridas de los padres también afecta sus vidas.

6

¿Cómo te hirieron durante el crecimiento y cómo esta experiencia impacta tu habilidad para ser un padre eficiente?

¿Qué pasos has tomado para buscar sanidad en este aspecto de las heridas?

¿Qué trabajo queda por hacer a medida que sigues adelante?

Lee la Instantánea «Tres preguntas críticas»

Tres preguntas críticas

instantáneas

Debido al clima de nuestra cultura y mundo, necesitamos orar y ser sabios acerca de tener hijos. Además, debido a que muchos adultos todavía están profundamente heridos, necesitamos ir más despacio y ser discernientes antes de saltar a la vida familiar. Para ayudar en este proceso de evaluación y discernimiento, reflexiona en las tres preguntas siguientes:

1. ¿Qué estás haciendo para formar tu matrimonio de manera que perdure toda una vida?
2. ¿Qué has hecho para trabajar en los aspectos de tu quebrantamiento?
3. ¿Cómo medirías tu nivel de entrega para pagar el precio de criar hijos?

Una vez que hayas orado y contestado con honestidad estas preguntas podrás mirar la crianza con una perspectiva saludable y responsable.

7

Toma un tiempo tú solo con tu cónyuge para comentar las tres preguntas críticas en la Instantánea anterior. Luego vuelve al grupo y reflexiona en las preguntas adicionales siguientes.

¿Cuál es el precio que involucra criar hijos en estos días?

¿Qué sacrificios tendrás que hacer si quieres criar hijos saludables?

Lee la Instantánea «¿Pasar una batuta rota?»

¿Pasar una batuta rota?

En las generaciones previas las parejas se podían casar y la mayoría asumía que sus cónyuges serían emocionalmente saludables. Así no es hoy. Es probable que esos días se hayan ido para siempre. La desintegración moral, espiritual y relacional que ha sucedido en nuestra cultura a través de los últimos veinte o treinta años ha generado cantidades récords de parejas jóvenes casadas provenientes de hogares quebrantados y problemáticos y ambientes teñidos de drogas y alcohol.

Estas mismas parejas están todas muy animadas acerca de tener hijos sin pagar primero el precio para procesar el dolor, la ira y la desilusión de las heridas que han recibido en sus familias de origen. Como resultado, este quebrantamiento se pasa de una generación a la otra como una batuta en una carrera de relevos.

8 Como resultado de esta sesión, comenta los cambios que te gustaría hacer para traer entereza a tu vida y matrimonio. Busca un compañero en el grupo. Comenta tus ideas y oren el uno por el otro.

SITÚATE EN EL CUADRO

BUSCA LA PLENITUD

Si identificas una experiencia en tu niñez en la que resultaste herido, ¿qué harás el próximo mes para buscar sanidad en este aspecto de tu vida? ¿Quiénes son las personas que te apoyarán en este proceso? ¿Cuáles son los materiales disponibles para ayudarte? Si no estás seguro en cuanto a qué pasos tomar a medida que pasas hacia la sanidad y plenitud, busca el consejo de familiares cristianos maduros, amigos, pastor o un consejero cristiano.

UNA RESPONSABILIDAD DE TODA LA VIDA

Si vamos a criar hijos íntegros y saludables, la responsabilidad de un matrimonio sólido es una ventaja esencial. Durante la próxima semana emplea un tiempo para reafirmar tu compromiso con tu cónyuge «durante tanto tiempo como ambos estén vivos». Revisen sus votos matrimoniales y comenten cómo les va en su deseo de mantenerlos. Si tienes un audio o cinta video de la ceremonia de tu boda, toma un tiempo para verlo juntos y comentar cómo puedes continuar aumentando el amor del uno para el otro.

CRÍA NIÑOS ÍNTEGROS

REFLEXIONES DE LA SESIÓN 1

1. Si identificas un aspecto de tu niñez donde necesitaste buscar sanidad, ¿cómo comenzaste el proceso de buscar sanidad? Si sentiste la sanidad de las manos de Dios en tu corazón y vida, cuéntale a los miembros del grupo acerca de tu experiencia.
2. Si desde la última reunión del grupo pequeño tomaste un tiempo para reafirmar los votos de tu matrimonio, ¿cómo lo hiciste? ¿Qué diferencia hizo esta reafirmación en tu relación con tu cónyuge?

EL GRAN PANORAMA

Mira, es posible que sea yo, pero tal parece que cada vez que doy una vuelta escucho o leo acerca de otro adelanto en la rama de la genética. Los científicos parecen estar impacientes por aprender cómo diseñar niños hechos a la medida mediante mecanismos genéticos. A veces me pregunto a dónde se dirige todo esto. ¿Te imaginas de aquí a veinte años recibir en la correspondencia un catálogo de *Kids-R-Us* [Cadena de tiendas para niños que significa Nosotros somos los niños]? Una pieza a cuatro colores para promoción con modelos y descripciones de niños donde la gente pudiera ordenar exactamente la clase de niño que quiere. Suena un poco descabellado, ¿verdad? Pero me pregunto cuántas personas saltarían ante la oportunidad de diseñar su hijo «perfecto».

Me pregunto si no estaremos trabajando por el lado equivocado de la ecuación. Quizás, si estamos preocupados acerca de los niños de futuras generaciones, debemos enfocar nuestra atención en rediseñar o reingeniar a los *padres*. Tal vez debiéramos reingeniar padres que fueran capaces de criar a los niños que Dios les da para que sean niños íntegros. ¿Qué si tuviéramos un catálogo *Parents-R-Us* [Nosotros somos los padres], con páginas y páginas de descripciones de habilidades especiales que los padres pudieran aplicar a los hijos que Dios puso a sus cuidados¿ Esto parece una mejor ruta a seguir.

UNA AMPLIA PERSPECTIVA DE TU MUNDO

1

Si pudieras mandar a diseñar el hijo «perfecto», ¿cuáles tres o cuatro características serían las más importantes¿ ¿Por qué escogiste estas características¿

Si pudieras mandar a diseñar los padres «perfectos», ¿cuáles tres o cuatro características serían las más importantes¿ ¿Por qué escogiste estas características¿

UN RETRATO BÍBLICO

Lee Deuteronomio 6:4-9

2

En el versículo cuatro de este pasaje se nos recuerda que hay un solo Dios verdadero. En el quinto versículo se nos pide «Ama al Señor tu Dios con todo tu corazón y con toda tu alma y con todas tus fuerzas». Qué significa amar a Dios con:

- Todo tu corazón

- Toda tu alma

- Todas tus fuerzas

¿Cómo alguien reanima su amor por Dios?

3 En los versículos seis al nueve se nos dan instrucciones específicas sobre cómo debemos criar a los hijos. ¿Cuáles son estas instrucciones y por qué son tan importantes?

Si nuestra meta es criar hijos íntegros y saludables, ¿por qué es esencial la verdad de este pasaje?

DEFINIR EL ENFOQUE

Lee la Instantánea «Fomenta la autoestima»

Fomenta la autoestima

Fomentar una fuerte autoestima en tu hijo es de vital importancia. Durante los últimos veinte años se ha impreso y dicho tanto acerca de la autoestima que me temo que muchos padres crean que esto se ha convertido en solo otro cliché, que solo es una jerga sicológica que a lo largo no significa mucho. Pero nada pudiera estar más lejos de la verdad. Una de las contribuciones más importantes que le puedes hacer a tus hijos es convencerlos de que ellos realmente son importantes para Dios, para ti y para otras personas. Ellos necesitan saber que son únicos e importantes, que son de valor e irremplazables y que son dignos de respeto. Es necesario decirle a los niños que ellos merecen ser amados y atesorados. Ellos deben saber que sus pensamientos, sentimientos, dudas y temores son importantes y merecedores de cuidadosos comentarios. Esta clase de autoestima saludable establece un fundamento para una vida saludable.

4 Como padres, ¿cómo a veces tu destruyes la autoestima de tus hijos?

¿Cómo puedes ser más intencional acerca de fomentar la autoestima de tus hijos con:

- Una palabra

- Una mirada

- Un toque

Lee la Instantánea «Desarrolla un sentido de competencia personal»

Desarrolla un sentido de competencia personal

Otro desafío al criar hijos es desarrollar un sentido de competencia personal. Como acabamos de comentar, es esencial que los hijos sepan que ellos valen algo. Es igualmente importante que desarrollen un sentido de que ellos pueden hacer bien algunas cosas. La autoestima tiene que ver con el valor, un sentido de competencia tiene que ver más con la actuación y habilidad. En efecto, a mí me preocupa mucho escuchar a los padres decir: «Nuestro adorable Andrecito es el don más grande en nuestras vidas, y nosotros siempre se lo decimos. Él tiene nueve años, y no puede leer ni escribir muy bien, y le están suspendiendo las asignaturas en la escuela, pero nosotros le seguimos asegurando que él es nuestro pequeño tesoro no importa cómo ande con la escuela». Cuando escucho esto, me digo: «Andrecito tal vez tenga autoestima, pero en un futuro no muy lejano va a descubrir que una buena autoimagen no va a conseguirle un diploma sobre una bandeja de plata. Solo una buena autoimagen no le va a asegurar que lo acepten en la universidad o que le den un puesto desafiante en el mercado. Una autoimagen saludable no paga el alquiler».

En algún punto, los padres tienen que integrar la comprensión de la importancia de la competencia en la vida de los hijos. En algún momento los padres tendrán que explicarle a sus hijos que el verdadero mundo demanda un cierto nivel de pericia y ciertas habilidades para ganar un sueldo y pagar las cuentas de la comida. Y ese entrenamiento de la competencia debe comenzar desde temprano.

5

¿En qué aspectos de la vida te ayudaron tus padres a desarrollar la competencia personal?

¿Qué puedes hacer para ayudar a tus hijos a desarrollar un sentido de competencia personal? Escoge una de las siguientes ramas y expresa tus pensamientos al grupo:

- Académica
- Atlética
- Conversacional
- Mecánica
- Doméstica
- Musical
- Artística
- Recreativa

Lee la Instantánea «Desarrolla habilidades relacionales»

Desarrolla habilidades relacionales

Otro desafío para criar hijos íntegros es enseñarles las habilidades relacionales. En los últimos treinta años hemos sido testigos de adelantos pasmosos en investigaciones, tecnología y fabricación. Hemos progresado en la construcción de computadoras, autos, misiles y microcircuito. Pero irónicamente, en esta misma era hemos empeorado cada vez más en nuestra habilidad para edificar y sostener las relaciones humanas.

Las familias fragmentadas, los ambientes caóticos del hogar, la televisión, reproductores y juegos de vídeos están todos combinándose para producir una generación de hijos relacionalmente ineptos. Niños que no pueden discernir cómo se sienten realmente en su interior y mucho menos comunicar a otros acerca de estos sentimientos. Muchos niños son incapaces de expresar constructivamente emociones positivas y negativas. Otros niños no tienen idea alguna de qué hacer cuando se quebranta una relación importante. En síntesis, estamos criando una generación de jóvenes que realmente no tienen una pista de cómo funcionan las relaciones saludables.

6 ¿Cuáles son una o dos preguntas que pudieran ser buenas para «comenzar comentarios» entre tú y tus hijos? Asegúrate de que estas preguntas los ayude a comunicar sus sentimientos con claridad.

- Preguntas para un pequeñito que comienza a caminar

- Preguntas para un niño de tercer grado

- Preguntas para un estudiante de séptimo a noveno grado

- Preguntas para un estudiante de décimo a duodécimo grado

7

¿Cuáles fueron algunas de las cosas que hicieron los adultos en tu vida mientras crecías que te ayudaron a desarrollar habilidades relacionales saludables?

¿Cuáles son algunas de las cosas que tú puedes hacer para ayudar a los niños en tu vida a llegar a ser más eficientes en cómo ellos se relacionan con otros?

Lee la Instantánea «La dimensión espiritual de la vida»

La dimensión espiritual de la vida

Si tú quieres criar niños íntegros, no puedes obviar la dimensión espiritual de la vida. A los padres actuales les gusta vanagloriarse de ser amplios de mente. Les gusta anunciar a sus colegas: «No vamos a adoctrinar la religión a nuestros hijos. Y no vamos a predisponer la mente de nuestros jovencitos dándoles un entrenamiento religioso. Vamos a permitir que nuestros hijos lleguen a su propia conclusión espiritual sin ningún prejuicio de los padres». Este tipo de filosofía suena tan moderna y progresista. Pero es una manera fatal para abordar la crianza de los hijos.

El fallo está en pensar que para un niño es posible crecer en un ambiente sin valor alguno. Esto no es cierto. Tu hijo enciende el televisor y recibe miles de imágenes saturadas de valores que le comunican valores de moral, sexo, éticas, dinero, poder, placer, amor y odio. Tu hija juega con los niños vecinos y ellos le dicen lo que creen que es correcto e incorrecto. Y en la escuela a los niños se les enseña evolución, relativismo y hábitos de sexo seguro. El hecho es que no existen tales cosas como un ambiente sin valores.

El verdadero asunto se reduce a una simple pregunta: ¿Quién va a infundir valores en tus hijos? Quién va a contestar preguntas como: «¿De dónde vengo?» y «¿A dónde iré cuando muera?» y «¿Cómo decidimos lo que es correcto e incorrecto?» Quién va a contestar preguntas difíciles como: «¿De qué se trata la vida? ¿Hay un Dios que se ocupa de mí? ¿Cuál es el propósito de todo esto?»

8 ¿Cómo te sentirías si la fe de tus hijos fuera como la tuya?

9 Si buscas ser un modelo positivo para los niños en tu vida, ¿cuáles aspectos merecen más atención para que así puedas profundizar *tu* vida espiritual?

Pide a los miembros del grupo que oren por ti y te hagan responsable ante ellos a medida que buscas cambiar.

SITÚATE EN EL CUADRO

FOMENTA LA COMPETENCIA

Si ya tienes un hijo o varios hijos, ¿cuál es un aspecto en el que tú quieres ayudar a tus hijos a ser más competentes? ¿Qué harás durante los próximos meses para trabajar con ellos en este aspecto y ayudarlos a crecer en sus propias habilidades y confianza?

Si en estos momentos no tienes hijos, ¿cuál es un aspecto en el que tú quieres desarrollar un nivel más profundo de la competencia personal? A medida que desarrollas esto, ¿cómo puedes impartir a una persona joven que conozcas algunas de las cosas que ya has aprendido?

DESARROLLARSE EN LA FE

A medida que haces tu propio inventario espiritual, ¿qué aspectos requieren un enfoque mayor y más profundo? Establece una meta de crecimiento personal en este aspecto para el mes próximo. Considera el estudio individual de la Biblia, tu vida de oración, la constancia en asistir a los cultos, llevar un diario y la reflexión personal. ¿Qué harás para crecer en este aspecto, y quién ofrecerá apoyarte en oración?

AFIRMA LO EXCEPCIONAL DE CADA NIÑO

REFLEXIONES DE LA SESIÓN 2

1. Si has estado trabajando con un niño para ayudarlo a ser más competente en un aspecto, cuéntale al grupo acerca de tu experiencia. ¿Qué impacto ha tenido en su autoestima y en tu relación con ellos?
2. Si hiciste el compromiso de crecer en un aspecto de tu vida espiritual, ¿te va bien con el cumplimiento de tu compromiso? ¿Qué crecimiento has visto en tu vida espiritual?

EL GRAN PANORAMA

Tú has visto este escenario, y yo también. A los mismos padres y en el mismo hogar nacieron y se criaron tres niños. Asisten a la misma iglesia, la misma escuela y juegan en el mismo vecindario. Los padres se rompen el lomo para aplicar amor y disciplina de manera constante. Ellos quieren estar seguros de no mostrar parcialidad con ninguno de los tres hijos. ¿Y qué es lo que sucede con frecuencia? Dos de los tres hijos prosperaron. A dos de ellos les va muy bien en la escuela. Dos de ellos tienen relaciones saludables con familias y amigos. Dos de los tres crecieron con actitudes bien ajustadas, se enamoraron, se casaron, comenzaron familias y vivieron felices. Pero uno de los hijos parece volverlo todo al revés. Ese niño aumenta el nivel de tensión en el hogar más que lo otros dos hijos combinados. Este niño lleva a los padres a los límites y a veces más allá. La escuela no va bien con este muchacho. Las amistades no funcionan bien y la vida tampoco resulta buena. Y el resto de la familia, especialmente los padres, se halan los pelos y dicen: «¿Cómo puede ser esto? Nosotros hicimos todo lo que estuvo a nuestro alcance para tratar a los tres exactamente igual. Dos de ellos prosperaron y uno pierde el camino. ¿Cómo puede ser esto?»

Por otra parte esto puede ser igualmente incomprensible. Tres hijos crecieron en un hogar problemático. El padre toma demasiado y trabaja mucho. La madre está deprimida y resentida la mayor parte del tiempo. En la familia fluye muy poco afecto y casi no hay comunicación. Por definición, la familia es disfuncional. Sigue disfuncional durante el tiempo que están creciendo los tres hijos. Esta familia está destinada a destruir a los hijos en igual medida. Y de seguro, dos de los tres sufren todas las consecuencias negativas que puedas imaginar. Pero aunque es asombroso, uno de los hijos sobrevive. Y no solo sobrevive sino que misteriosamente desarrolla una profundidad de carácter y fortaleza que le sirve muy bien durante el curso de su vida. Ella prospera. ¿Cómo puede suceder? Tres hijos se criaron en un ambiente igualmente dañino, pero el resultado no es nada igual.

UNA AMPLIA PERSPECTIVA DE TU MUNDO

1

¿Cómo has visto uno de esos escenarios anteriores hechos realidad en la vida?

UN RETRATO BÍBLICO

Lee el Salmo 139:1-18

2

Este salmo nos habla mucho acerca de Dios y de nosotros mismos. Después de leerlo con detenimiento, toma un tiempo en el grupo para hacer lo siguiente:

- Escribe cómo se siente Dios acerca de ti.

- Dile a otros miembros del grupo lo que aprendiste del carácter y la obra de Dios según este salmo.

3

Los versículos trece y catorce hablan acerca de cómo Dios nos hizo. ¿En qué sentido eres una creación admirable y maravillosa en las siguientes ramas?

- Física

- Intelectual

- Emocional

- Espiritual

- Temperamental

Al pensar en tus hijos, ¿cómo están maravillosamente hechos?

DEFINIR EL ENFOQUE

Lee la Instantánea
«Afirma el temperamento único de cada niño»

Afirma el temperamento único de cada niño

Todos hemos oído la teoría de que los niños son iguales. Ellos solo son trozos de carne sin forma, sin ninguna característica inherente. Trozos idénticos de barro a quienes los padres pueden darle cualquiera forma que deseen porque no hay características ni inclinaciones innatas rogando expresarse.

En la actualidad los expertos en el desarrollo de los niños están admitiéndose unos a otros que estos pequeños trozos de carne tienen voluntad propia, carácter propio, inclinaciones propias. Algunas de estas pequeñas masas de tejido inocente vienen al mundo con una sonrisa en sus caras y una hoja de olivo en sus bocas. «¡Solo di lo que quieras y yo lo haré!» Otros entran al escenario rugiendo, con una sonrisa descarada y un cigarro en la boca. Algunos de ellos vienen con una mirada en sus ojos que dice: «Te voy a colmar la copa cada día durante los primeros siete años de mi vida. Va a ser feo. Solo trata de mantenerme en la línea. ¡Anda! ¡Atrévete a hacerlo!»

4 Haz un círculo alrededor de las oraciones de cada línea que más te apliquen:

	o
• Soy más relajado que la mayoría de las personas	Estoy más tenso que la mayoría de las personas
• Prefiero las cosas seguras	Tiendo a arriesgarme
• Comunico mis sentimientos con facilidad	Tiendo a ser reservado
• Me gusta planear las cosas con mucha anticipación	Me gusta tomar las cosas según vienen
• Me gusta resolver las cosas por mi cuenta	Me gusta tener instrucciones claras para un proyecto

A medida que piensas en tu temperamento y personalidad, ¿de qué maneras te afirmaron estas cualidades mientras crecías?

5

¿Por qué es tan críticamente importante para los padres afirmar el temperamento de cada hijo?

¿Qué sucede cuando tú afirmas el temperamento de tu hijo?

Lee la Instantánea «Afirma los intereses y las habilidades»

Afirma los intereses y las habilidades

Yo sé que las decisiones de la carrera a seguir son extremadamente complejas. Sé que el mundo actual no siempre ofrece una panacea de oportunidades y remuneraciones para todos nuestros anhelos y pasiones. También sé que Dios tiene la forma de arreglar nuestros circuitos de manera que a la mayoría de nosotros nos encante algo. La mayoría de nosotros estamos fascinados con una cierta clase de empeño. La mayoría de nosotros somos ardientes en cuanto a ciertas clases de preocupaciones. Si vamos a prosperar y a sentirnos realizados con nuestra vida, vocación y llamamiento, esas pasiones e intereses motivados se deben identificar y tomar en consideración. La paternidad eficiente demanda que muy temprano en el proceso de la crianza comencemos a exponer a nuestros hijos a una amplia gama de oportunidades. Luego necesitamos observar sus reacciones, gustos, disgustos, éxitos y fallos. Y cuando comenzamos a identificar lo que realmente los motiva, necesitamos hablarles acerca de esto. A medida que manifiestan los intereses y habilidades que Dios les ha dado, necesitamos afirmarlos y animarlos a desarrollarse en estas ramas.

6

¿Cuáles son algunos de los intereses y habilidades que ves desarrollándose en tus hijos?

¿Qué puedes hacer para afirmarlos y apoyarlos a medida que ellos se desarrollan en estas ramas?

Lee la Instantánea «El lenguaje del amor»

El lenguaje del amor

Cada persona tiene un estilo o preferencia cuando se trata de dar y recibir amor. Los padres necesitan afirmar y cooperar con el exclusivo lenguaje de amor de cada niño. Una persona dice: «Me gusta mucho abrazar. Y cuando siento amor por una persona, automáticamente camino hacia esa persona con mis brazos abiertos. La ataco con un abrazo. No lo puedo evitar. La quiero. Me gusta abrazar». Otra persona dice: «Cuando siento amor, yo tengo que decirlo. Lo digo verbalmente». Otros comunican el amor dando regalos muy pensados. Ven algo bueno y dicen: «Ah, tengo que comprar eso para fulano o fulana. Le va a encantar». Otros muestran su cariño por una persona brindando algunos servicios. Lo demuestran mediante una ayuda, apoyo y servicio a otros. Y hay a quienes les gusta proveer oportunidades emocionantes a los que quieren. Preparan una experiencia significante para alguien y dicen: «Hice esto para ti porque sé que te encantaría y yo te quiero». Y hay otros que dedican un tiempo prolongado solo para estar con la persona que quieren. ¡Identifica el lenguaje del amor que cada uno de tus hijos habla y luego comunícate con ellos a menudo!

7

¿Qué era lo que más te comunicaba el amor cuando eras un niño/a?

¿Qué es lo que más te comunica amor ahora?

¿Qué es lo que más le comunica amor a tus hijos?

8 ¿Cómo puedes hablarle a tus hijos el lenguaje del amor con más claridad?

SITÚATE EN EL CUADRO

DESCUBRE INTERESES Y DESEOS

En la próxima semana toma un tiempo para hacer una entrevista individual a cada uno de tus hijos. Usa las preguntas que están a continuación, al igual que cualquier pregunta tuya, para ayudar a descubrir los deseos e intereses de tus hijos.

- ¿Qué cosas realmente disfrutas hacer?
- Si pudieras escoger algo y estar seguro de que no fallarías, ¿qué te gustaría hacer?
- Si pudieras hacer cualquier trabajo, ¿qué ocupación escogerías?

Después de hablar acerca de estas preguntas, pregúntale a cada niño qué puedes hacer como padre para ayudarlo a hacer las cosas que realmente le gustaría hacer con sus vidas.

LECCIONES DE LENGUAJE

Durante el próximo mes habla con cada uno de tus hijos usando el lenguaje del amor. Habla intencionalmente con cada uno de los niños acerca de las tres maneras diferentes: mostrar afecto, mediante afirmaciones verbales de tu amor y mediante un regalo especial de algún tipo. Observa sus respuestas y procura descubrir cuál lenguaje del amor le habla con más claridad a cada uno de ellos.

ERRORES QUE COMETEN LOS PADRES

REFLEXIONES DE LA SESIÓN 3

1. Si te entrevistaste con uno de tus hijos, dile al grupo qué aprendiste.
2. ¿Qué descubriste acerca del lenguaje del amor que habla cada uno de tus hijos? ¿Qué estarás haciendo para «hablar» amor con claridad a cada uno de tus hijos?

EL GRAN PANORAMA

Si alguna vez quisiste avivar una fiesta aburrida, pídele a las personas que componen el grupo que recuerden y cuenten algún error vergonzoso que cometieron en el pasado. Yo hice esto una vez en un grupo de ministros. Creo que si funcionó en un grupo de ministros, es probable que funcione en cualquier lugar.

Un ministro contó acerca de una vez en que hubo una demora en el aeropuerto y llegó muy tarde para participar en una boda. Él dijo que manejó su carro como un loco hasta la iglesia y pasó por su oficina para buscar la Biblia y las notas para la boda. Él oyó que ya estaban tocando el procesional en el órgano mientras corría por la escalera de atrás del área del altar. Llegó a la plataforma en el preciso momento que el padre se preparaba para entregarle su hija al novio.

De repente recordó que no sabía el nombre de la pareja que estaba a punto de casar. Otra persona había hecho el ensayo de la boda y había aconsejado a la pareja porque él no estaba en la ciudad. Así que no tenía ni idea de quiénes eran estas dos personas ni sabía cómo referirse a ellos durante la ceremonia. Estaba parado frente a una iglesia llena y a dos enamorados con una mirada muy ilusionada, pero sin nombre alguno.

Cuando llegó la hora de los votos, él simplemente le dijo a la mujer: «¿Tomas a este hombre para que sea tu legítimo esposo¿» «Sí». «Y tú, ¿tomas a esta mujer para que sea tu legítima esposa¿» «Sí». Y así siguió todo. Al final de la ceremonia se espera que el pastor diga: «Damas y caballeros, les presento al Sr. y a la Sra. fulana». En su lugar, él cambió el drama con otro toque y al final dijo: «Damas y caballeros, en este día Dios ha hecho a este hombre un esposo e hizo a esta mujer su esposa. Y a todos ustedes yo se los presento como el esposo y la esposa». El órgano tocó, la gente aplaudió, la novia y el novio se fueron caminando, abrazaron a los padres y siguieron hasta la fila de la recepción. Y ya adivinaste, ni una sola persona se dio cuenta que él había realizado toda la ceremonia de la boda sin mencionar los nombres de la novia y el novio ni una sola vez.

UNA AMPLIA PERSPECTIVA DE TU MUNDO

1 Describe a todo color un error vergonzoso que hayas cometido

¿Cómo reaccionas ante los errores que cometen tus hijos¿

UN RETRATO BÍBLICO

Lee Proverbios 13:24 y 22:15

2 ¿Cómo muestra el amor la disciplina constante y apropiada?

3 ¿Cómo la disciplina amorosa ayuda a crecer un niño en sabiduría y madurez?

Piensa en alguna experiencia de tu niñez en la que uno de tus padres te disciplinó de una manera apropiada. ¿Cómo su disciplina te ayudó a alejarte de la necedad y llevarte a la sabiduría?

DEFINIR EL ENFOQUE

Lee la Instantánea «Lidiar con la disciplina»

Lidiar con la disciplina

No puedo contar la cantidad de veces que he escuchado a los padres decir en sus últimos años de vida: «Yo fui muy severo con mis hijos. Era como un sargento entrenador. Ahora me doy cuenta que mis hijos vivieron en terror. Administré la disciplina con un legalismo militar. Fui demasiado firme. Mis hijos temían cometer un error porque sabían que las consecuencias iban a ser rápidas y severas». Cuando escucho estas historias siento pesar y tristeza en las voces de esos padres.

Una cantidad igual de padres siente pesar por el otro extremo de la ecuación de la disciplina. Algunos padres dicen: «Yo dejé que mis hijos se salieran con las suyas. Nunca les puse límites ni confronté los problemas de su actitud. Nunca hice que mis hijos encararan las consecuencias de sus acciones y ahora están pagando por mi error. Yo fallé en darle amor y disciplina constante. Ahora son jóvenes irresponsables que se dirigen a grandes problemas más tarde en su vida». Ellos también están tristes al mirar atrás y ver cómo fallaron con la disciplina de sus hijos.

4 ¿Cuáles son algunas de las consecuencias de la disciplina que se administra demasiado fuerte sin dar suficiente amor?

¿Cuáles son algunas de las consecuencias cuando un padre no pone límites ni administra ninguna disciplina?

5

Permite que varios miembros del grupo cuenten una breve historia de una mala conducta de un hijo que motivó un tipo de disciplina (pero sin decir cómo fueron disciplinados). Pídele a uno o dos miembros del grupo que diga cómo ellos habrían disciplinado al niño de haber tenido la responsabilidad de hacerlo.

Lee la Instantánea «Expresar emociones»

Expresar emociones

Muchos padres sienten el ardor del remordimiento por la manera en que manejaron las emociones en el hogar. Dejaron de afirmar el hecho de que los sentimientos sí importan. No dejaron que sus hijos expresaran libremente sus sentimientos. No comprendieron la extensión del daño que se le hace a un hijo al obviar, ridiculizar, prohibir o tratar de dominar sus sentimientos.

Los padres necesitan aprender que estar triste no es necesariamente malo. Es una emoción válida. Es un sentimiento legítimo. Los sentimientos de tristeza de un niño se deben reconocer como auténticos, no prohibidos. Cuando los sentimientos de tristeza se trivializan o se consideran inapropiados o vergonzosos, un niño experimenta el equivalente a un cortacircuito emocional.

Lo mismo sucede cuando los padres manejan mal otras emociones. Cuando la ira es ilegal o cuando se disminuye el entusiasmo o cuando el temor no se reconoce, a los niños se les está negando la oportunidad de aprender cómo expresar las emociones honestamente.

6

Relata un ejemplo de la manera en que típicamente se expresaban las emociones en el hogar donde tú creciste.

¿Qué estás haciendo para crear un clima donde tus hijos puedan expresar los sentimientos abiertamente?

7

¿Cuáles son las posibles consecuencias de un padre que hace las siguientes declaraciones a los hijos?

- «¿Por qué estás llorando? ¡No seas tan bebito!»

- «¡Si no dejas de llorar, yo te daré motivos para llorar!»

- «Tranquilízate y no te entusiasmes tanto por las cosas. Te vuelves muy tonto cuando te entusiasmas».

- «Ya eres una niña grande, no puedes seguir con ese miedo a la oscuridad. ¡Crece!»

- «Controla esa ira. Aprende a guardar esos sentimientos».

- «No temas intentar eso. Cualquiera lo puede hacer».

¿Qué declaraciones positivas y que afirmen le puedes decir a tus hijos cuando experimenten los siguientes sentimientos?

- Tristeza

- Entusiasmo

- Ira

- Temor

- Ansiedad

Lee la Instantánea «Fomentar el carácter»

Fomentar el carácter

A veces me preocupa pensar que esta generación está criando niños que tienen poco carácter porque sus padres han sido sobreproveedores y sobreprotectores. Me preocupa que estemos sobreprotegiendo a nuestros hijos de las mismas experiencias que nos ayudan a algunos de nosotros a ser fuertes. Quizás ellos necesiten aprender a no tener esas cosas y hasta escuchar a sus padres decir: «No tengo el dinero para eso. No tenemos los medios para tener esa experiencia». Tal vez sea bueno para ellos repartir periódicos cinco o seis días a la semana y verse forzados a levantarse antes que salga el sol. Quizás les forme el carácter tener trabajos de cuidar niños para ayudar a pagar por las necesidades de la vida y no solo contar con los quiero y los extras. Cortar la yerba, ganar su dinero, hacer tareas, salir en bicicleta en lugar de que lo lleven en el auto a todas partes, solicitar sus propios trabajos y no tener padres que siempre les estén dando el camino suave tal vez sea exactamente lo que nuestros niños necesitan. ¿Qué si ellos tuvieran que tener un trabajo que pague el mínimo o si se les pidiera que ahorraran una porción de su dinero para pagarse la universidad? ¿Heriría eso a nuestros niños, o les formaría el carácter?

8 Qué hicieron tus padres para desarrollar y fomentar el carácter en tu vida mediante

- Experiencias que te dieron

- Su propio modelo

- Las cosas que te hicieron hacer

Qué estás haciendo para edificar el carácter en las vidas de tus hijos mediante:

- Las experiencias que les estás dando a ellos

- Tu ejemplo

- Las cosas que les haces hacer

SITÚATE EN EL CUADRO

DECIR «¡LO SIENTO!»

Si tú disciplinas demasiado fuerte o si no has disciplinado lo suficiente, necesitas decir dos palabras poderosas: «Lo siento». Tal vez necesites decirle a tu hijo: «Siento que yo te hiciera vivir en terror» o «Siento que te dejara salirte con la tuya sin establecer límites». Esas dos palabras poderosas pueden cambiar toda la naturaleza de tu relación con tus hijos. Si esto es apropiado y necesario para ti, te quiero animar a que tomes los pasos necesarios para hacerlo. Te sorprenderá ver los puentes que puedes edificar al decir esas dos palabras.

AVENTURAS AL FOMENTAR EL CARÁCTER

¿Cuál es una característica en tus hijos que quisieras ver fortalecida? ¿Qué puedes hacer para ayudar a desarrollar esta cualidad en sus vidas? Ayudarlos tal vez signifique retarlos a hacer algunas cosas por su cuenta. Tal vez signifique quitarles algo que los esté lastimando. Tal vez signifique una inversión de tu tiempo en sus vidas. Establece una meta para invertir en la vida de un niño. Busca a un amigo que pueda orar por ti y apoyarte en este compromiso.

EL HOGAR COMO UN CENTRO DE TRAUMA

REFLEXIONES DE LA SESIÓN 4

1. Si tomaste un tiempo para decir: «Lo siento» a uno de tus hijos, ¿cómo respondieron ellos? ¿Cómo te sentiste al admitirle a tu hijo que estabas equivocado? ¿Qué aprendiste de esta experiencia?
2. Si hiciste un esfuerzo para comenzar a fomentar el carácter en la vida de uno de tus hijos, ¿qué acciones específicas has tomado? ¿Cómo esto afectó a tu hijo y a tu relacióncon él?

EL GRAN PANORAMA

La mayoría de nosotros no estamos conscientes de todos los centros médicos y centros de traumas que pasamos cuando manejamos por la carretera todos los días. Pero sospecho que todos, cuando vemos esas señales de los centros de trauma por la carretera, respiramos con alivio. Es bueno saber que si surgiera cualquier emergencia médica, hay una facilidad en la comunidad que tiene empleados preparados y listos para satisfacer nuestras necesidades físicas en cualquier momento del día o la noche. Es consolador saber que hay un lugar a donde ir en caso de una emergencia médica.

¿A dónde vamos cuando tenemos una emergencia que no es médica? ¿A dónde vamos para las calamidades emocionales, sicológicas y relacionales de la vida? ¿A dónde nos dirigimos cuando colapsa nuestra confianza? ¿Cuando nuestra autoestima recibe una paliza? ¿Cuando nuestras mentes se trastornan? ¿Cuando nuestro espíritu se desploma? ¿Cuando hieren nuestros sentimientos? ¿Cuando se quebranta nuestro corazón?

¿No sería maravilloso tener acceso a un centro de traumas para estas clases de heridas?

Creo de todo corazón que nuestros hogares están hechos para actuar como centros de trauma en el medio de un mundo brutal. Nuestros niños deben saber que ellos tienen un lugar seguro en sus hogares. El hogar debe ser un puerto donde ellos puedan anclar en el medio de las tormentas de la vida y obtener lo que necesiten para continuar su jornada.

Esto me impactó cuando hace algunos años tuve una experiencia con Todd, mi hijo. Mientras nos sentábamos para comer, él estaba extrañamente quieto. Noté que estaba muy pensativo, pero durante la comida no hice nada. Después de comer, él jugó solo hasta la hora de acostarse. Cuando yo lo estaba arropando y repitiendo sus oraciones con él, consideré que sería oportuno probar para ver si podía hacer que él me hablara de lo que lo estaba molestando. Yo solo le dije: «Hijo, esta noche te noté bastante callado. ¿Hay algo de lo que quisieras hablar con tu papá?» Él me dijo: «No, papá. Nada». Yo dije: «¿Estás realmente seguro?, porque no te voy a molestar en cuanto a esto, pero si quieres hablar, tú sabes que me acostaré contigo y escucharé». Él dijo: «No, realmente no quiero decir nada, pero te puedes acostar a mi lado». Así lo hice. Solo me acosté a su lado por un rato y en silencio oré pidiendo sabiduría.

Después de unos minutos de silencio, sin yo hacer sugerencia alguna, Todd se volvió a mí y me dijo: «Papá, en el ómnibus de la escuela un tipo grande me llamó estrambótico». Y luego comenzó a llorar. Él extendió sus brazos para abrazarme y yo lo abracé. Lo abracé fuertemente durante un buen rato.

Cuando por fin aflojó sus brazos alrededor de mi cuello, yo comencé a administrarle un poco de Primeros Auxilios de padre a su pobre corazón. Le dije que los muchachos grandes a veces dicen cosas porque eso los hace sentir macho y fuerte. La mayoría de las veces no sienten lo que dicen. Y le dije: «Además, chico, la gente importante en tu vida, Jesús, tu mamá, tu papá, tu hermana y tus amigos, todos te queremos. Nosotros no creemos que tú seas un estrambótico. Creemos que tú eres único y maravilloso y muy importante». Luego volvimos a orar y de nuevo yo lo abracé y me despedí con unas «buenas noches». Antes que yo saliera por la puerta ya él estaba dormido.

UNA AMPLIA PERSPECTIVA DE TU MUNDO

1 Si el hogar donde creciste fue un centro de trauma curativo, describe alguna vez en que experimentaste sanidad de uno de tus padres.

Cuenta cómo tú has tratado de ser un centro de trauma curativo en tu hogar y con tus hijos.

UN RETRATO BÍBLICO

Lee Gálatas 6:1-5

2 ¿Qué lecciones puedes aprender de estos pasajes mientras buscamos hacer de nuestros hogares un lugar de sanidad y restauración¿

3 ¿Cuáles son algunas de las cargas que los niños llevan hoy¿

¿Cómo tú determinas con cuáles cargas ayudarlos¿

¿Qué puedes hacer para que tu hogar sea un lugar donde tus hijos se sientan libres para traer sus heridas, luchas y cargas?

DEFINIR EL ENFOQUE

Lee la Instantánea «Una empleomanía cualificada»

Una empleomanía cualificada

El primer componente necesario para hacer de tu hogar un centro de trauma que funcione propiamente es una empleomanía cualificada. Los centros médicos de trauma solo son tan efectivos como sus empleados. Los centros de trauma en el hogar solo son tan efectivos como el nivel de cualidad de los padres. Aquí hay un breve extracto de una carta que recibí hace algunos años. Una mujer escribe: «En nuestra familia nos enseñaron a ser vistos pero no oídos. Miles de veces mis padres me dijeron que yo era una estúpida. Nunca se nos permitió mostrar nuestras emociones, así que las guardamos muy dentro de nosotros. Se nos enseñó la importancia de mostrar una cara de «Todo anda bien» antes de salir a la calle. El temor, la ira y la tristeza llenó mi joven vida». Está claro que sus padres no tuvieron una buena preparación y educación en las habilidades saludables de la crianza. Todos necesitamos desarrollar y mejorar, regularmente, nuestras habilidades como padres.

4 Hay algunas cosas específicas que necesitas hacer para mejorar tus habilidades de sanidad si vas a convertir tu hogar en un centro de trauma curativo donde tus hijos puedan crecer saludablemente y por completo. ¿Cómo estás planeando hacer cada una de las cuatro cosas que se enumeran abajo:

- Educarte en las habilidades de la crianza mediante los muchos recursos disponibles en la actualidad. ¿Cuál es un libro, video u otra fuente que consideras útil?

- Comunicarle a cada uno de tus hijos que ellos son tesoros y de mucho valor para ti y para Dios.

- Ayudar a tus hijos a aprender a expresar sus emociones en lugar de guardarlas en el interior.

- Desafiar a tus hijos para que no presenten falsas apariencias sino que sean auténticos.

Lee la Instantánea «Hacerte accesible»

Hacerte accesible

Necesitas estar accesible si vas a ser una persona cualificada en la unidad de trauma del hogar. Yo aprendí esta lección de una forma poderosa cuando pasé una semana en América del Sur enseñando en una escuela misionera. Uno de los comunes denominadores de los estudiantes de secundaria que yo estaba enseñando era que la mayoría de los padres de los muchachos estaban fuera sirviendo en campos misioneros lejanos. Estos estudiantes, como regla, veían a sus padres diez días durante las Navidades y seis semanas durante el verano. Eso era todo. Los padres no se involucraban de ninguna otra forma.

Este fue el grupo de jóvenes más difícil al que yo le haya tenido que hablar en mi vida. Solo para que me atendieran necesité cuatro días. Al quinto día creí que por fin habíamos establecido suficiente confianza para que sucedieran algunas cosas espiritualmente positivas. Durante la semana hablé a jóvenes desanimados y frustrados. Muchos estaban profundamente amargados. Ellos no tenían una madre ni un padre que les mostrara amor, los ayudara a curar sus heridas y les secara las lágrimas que todo niño derrama. En otras palabras, ellos fueron al centro de trauma cuando estaban heridos, solo para encontrar una gran señal de «Cerrado» en la puerta.

5 Toma unos minutos para reflexionar honestamente en tu horario y estilo de vida. Cuánto tiempo tú empleas durante una semana normal haciendo las cosas siguientes:

Actividad	***Horas empleadas***
Jugar con tus hijos	______________
Hablar con tus hijos acerca de las cosas que a ellos les importan	______________
Orar, leer la Biblia y hablar acerca de las cosas espirituales con tus hijos	______________
Sentarte para comer con tus hijos	______________
Andar con tus hijos sin agenda ni horario	______________

Dile al grupo lo que aprendiste mediante esta reflexión acerca de ti y de tu accesibilidad personal.

6 Si necesitas hacerte más disponible y accesible a tus hijos, ¿qué necesitas cambiar en tu horario para que esto suceda?

¿Cómo los miembros de tu grupo pueden orar por ti, apoyarte y hacerte responsable ante ellos a medida que creces en este aspecto de tu paternidad?

Lee la Instantánea «La importancia de ser observador»

La importancia de ser observador

Los empleados de calidad en la unidad de trauma del hogar son observadores. Son muy cuidadosos con sus análisis diagnóstico para estar seguros de estar llegando a la raíz del problema. Ellos no le restan importancia al síntoma. Como padres, debemos ser cuidadosos al observar el conducto y las actitudes de nuestros hijos. Detectar y tratar temprano algunas enfermedades puede disminuir las probabilidades de tener desastres grandes más adelante. Tenemos que observar los cambios de humor, expresiones de frustración (no importa cuán pequeñas o sutiles sean), los cambios en los patrones de conducta o cualquier cosa que pueda indicar que nuestros niños necesitan algún cuidado especial.

7 ¿Por qué es crítico aprender cómo ser observadores penetrantes de la conducta, las palabras y actitudes cuando se trata de tus hijos?

¿Cuáles son algunas de las señas o señales que muestran tus hijos cuando están heridos?

8 ¿Cómo respondes a tus hijos en un momento de crisis?

¿Qué necesidades de oración tienen ellos en estos momentos?

¿Cómo pueden apoyarte los miembros de tu grupo mientras cuidas a tus hijos?

SITÚATE EN EL CUADRO

CONVERTIRSE EN ALGUIEN QUE LLEVA LAS CARGAS

Identifica una carga que esté llevando uno de tus hijos. ¿Qué puedes hacer durante el próximo mes para ayudar a llevar el peso de la carga? Acércate a ellos y déjales saber que tú ves la carga que están llevando y que quieres ayudarlos con esta. Siéntate con uno de tus hijos y háblales acerca de alguna carga que *tú* estés llevando. Pídeles que oren por ti y déjales saber qué pueden hacer para ayudarte con el peso que estás cargando. Es asombroso cómo los niños abren y comparten sus cargas cuando los padres guían el camino.

HACERTE ACCESIBLE

Después de evaluar tu horario, identifica cuándo podrás pasar más tiempo con tus hijos. Procura establecer una fecha en el próximo mes para pasar un tiempo con cada uno de los niños a solas. Haz algo que deje la puerta abierta para comentarios. Quizás puedas sacarlos a comer un helado o dar una caminata por el parque. Busca algo que a ambos les guste y solo disfruten estar juntos.

ENSEÑA LA FE EN EL HOGAR

REFLEXIONES DE LA SESIÓN 5

1. Si procuraste ayudar a un niño a llevar su carga, ¿cómo has visto que su carga llegara a ser más ligera? ¿Qué ha hecho este esfuerzo unido para profundizar tu relación? Si le pediste a uno de tus hijos que te ayudara a llevar una carga, ¿cómo respondió?
2. ¿Qué has hecho para estar más accesible a tus hijos? ¿Cómo han respondido ellos a tu disposición de ser más accesible para ellos?

EL GRAN PANORAMA

¿Alguna vez tomaste tiempo para repasar el curso de los primeros veinte años de tu vida e identificar algunos de los recuerdos espirituales significantes que llevas en tu corazón? ¿Recuerdas experiencias, hechos o conversaciones que dejaron una impresión perdurable en tu vida espiritual? A estos tiempos importantes yo les llamo «momentos espirituales».

Mis «momentos espirituales» que más recuerdo no sucedieron en el curso de los cientos de horas que pasé en las clases de la Escuela Dominical, grupos de jóvenes o escuelas cristianas. No me mal interpretes. Yo atesoro esta parte de mi herencia y recomiendo encarecidamente que los padres den una cuidadosa consideración a involucrar a sus hijos en los varios ministerios que puedan ser útiles para los niños. Sin embargo, mi momento espiritual más vívido, el que dejó las huellas más profundas en mi vida, fueron las experiencias que ocurrieron en el contexto de mi familia.

Uno de mis «momentos espirituales» más tempranos sucedió cuando yo estaba en tercero o cuarto grado. Mi tío, el hermano de mi papá, murió de repente de un ataque masivo de corazón. Este fue el primer funeral al cual asistí. No recuerdo mucho acerca del servicio en la iglesia en memoria de él, pero recuerdo vívidamente estar de pie en la tumba mientras caía una tormenta de nieve en el suroeste de Michigan. Recuerdo que el pastor hizo sus últimos comentarios, terminó en oración y la multitud de personas comenzó a dispersarse.

Yo estaba temblando de frío, miré a través de esos copos de nieve que caían y vi que mi papá se metió la mano en el bolsillo, sacó una Biblia y caminó hasta la silla donde su mamá estaba sentada. Esta querida mujer ya había perdido a su esposo y a otros dos hijos. Mi papá se sentó en una silla al lado de ella, le tiró un brazo por los hombros y le leyó el Salmo 23: «Jehová es mi pastor... nada me faltará».

¡Qué recuerdo! Aunque yo era un muchacho joven, pensé: «Algo muy importante está sucediendo ahora mismo». Aprendí que cuando todo en la vida se derrumba, nos volvemos al Señor. Nos volvemos al Buen Pastor que camina con nosotros a través del valle de sombra de muerte. Recuerdo pensar: «Mi padre es un hombre muy fuerte, y aquí está volviéndose a la Palabra de Dios para buscar consuelo y ánimo cuando el techo de su vida se ha caído quebrándose». Recuerdo que decidí que yo también podría volverme al Señor cuando encarara tiempos de necesidad.

UNA AMPLIA PERSPECTIVA DE TU MUNDO

1 Describe un momento espiritual que recuerdes experimentar mientras crecía.

¿Qué lección aprendiste de esta experiencia?

UN RETRATO BÍBLICO

Lee Deuteronomio 32:44-47

2 ¿Por qué es esencial que el hogar sea el lugar principal donde se aprende la fe?

¿Por qué en la vida de los padres la madurez espiritual es tan importante si el hogar es realmente el lugar principal donde se aprende la fe?

DEFINIR EL ENFOQUE

Lee la Instantánea «Una relación dinámica con Dios»

Una relación dinámica con Dios

Debemos ser cuidadosos para que nuestros hijos no comiencen a pensar que el cristianismo es solo un sistema de normas con las que ellos tienen que vivir. Es muy fácil para los hijos reducir el cristianismo a solo un grupo de reglas, códigos y normas. Necesitamos hacer todo lo que esté a nuestro alcance para enseñarles que la esencia del cristianismo es una relación viviente y dinámica con un Dios amoroso, donde las conversaciones fluyen en ambas direcciones con tanta facilidad como una conversación con un amigo íntimo, donde ellos pueden hablarle a Dios mediante la oración y esperar que él les hable mediante su Espíritu Santo. Necesitan saber qué es sentir la divina compañía durante todo el día porque ellos están viviendo una relación con Dios. Ellos necesitan descubrir que el cristianismo es una relación viva, dinámica y en desarrollo con Dios y no solo un grupo de reglas, códigos y normas.

3

¿Cómo nosotros, los padres, a veces les damos a nuestros hijos la impresión de que la fe es asunto de obras y de seguir reglas y regulaciones religiosas?

4

¿Qué podemos hacer para ayudar a nuestros hijos a aprender que ser un seguidor de Cristo significa desarrollar una relación viva y dinámica con Jesús a través de:

- Nuestras palabras

- Nuestro modo de vivir

- Nuestros hábitos

- La manera en que adoramos

Lee la Instantánea «Sirve a Dios»

Sirve a Dios

Los hijos necesitan aprender que servir a Dios es una de las experiencias más satisfactorias en toda la vida. Necesitamos proteger a nuestros hijos para que no malgasten sus vidas buscando plenitud en cosas que no satisfacen. Muchos adultos hoy tienen que admitir honestamente que ellos han desperdiciado varios años procurando adquirir esa única posesión elusiva o procurando lograr esa meta o experiencia tan ansiada. En el camino hemos descubierto que ninguna de estas adquisiciones, logros y experiencias realmente satisfacen. Necesitamos ayudar a nuestros hijos a descubrir el gozo y la satisfacción que viene no de las cosas, sino de servir y seguir a Dios.

5

¿Qué pueden hacer los padres para mostrarle a sus hijos que el servicio es una parte esencial y gozosa de ser un seguidor de Cristo?

¿Cómo el servir a Dios te trae satisfacción y gozo?

6

¿Cuál es un aspecto de servicio al que puedes entrar con uno de tus hijos?

¿Qué se ganaría mediante el servicio a Dios en sociedad con tus hijos?

Lee la Instantánea «Premios ricos»

Premios ricos

Necesitamos enseñarles a nuestros hijos que obedecer a Dios trae ricos galardones. Nuestros hijos no deben crecer creyendo que papá y mamá siempre saben lo mejor. Lo cierto es, ¡que no es así! Ellos necesitan estar convencidos de que Dios sabe lo mejor. Él realmente lo sabe. Nuestros hijos necesitan saber que hay razones para las restricciones que encontramos en Su Libro, y que esas razones son válidas. Nuestros hijos deben comprender que Dios está profundamente preocupado por el bienestar de ellos y quiere lo mejor para ellos. Ellos necesitan descubrir que en Su Palabra hay una sabiduría y dirección sin paralelos. Necesitamos hacer todo lo que podamos para ayudar a nuestros hijos a saber que obedecer a Dios dará por resultado una vida bendecida, pero que desobedecerlo eventualmente hará que sus vidas naufraguen.

7 Háblale al grupo acerca de una persona en tu vida que haya modelado un profundo amor por la Palabra de Dios.

¿Cómo la entrega a leer y obedecer la Palabra de Dios impacta su vida?

8 ¿Qué puedes hacer para profundizar tu entrega a estudiar y obedecer la Palabra de Dios?

¿Qué puedes hacer para ayudar a tus hijos a aumentar su amor por la Palabra de Dios?

SITÚATE EN EL CUADRO

DESARROLLA TU RELACIÓN CON DIOS

Si vas a ayudar a tus hijos a aumentar su fe, necesitas tener una relación con Jesús dinámica y vibrante. ¿Qué puedes hacer durante el próximo mes para desarrollar tu relación con Dios? ¿Necesitas apartar un tiempo cada día para leer la Biblia, orar y escribir un diario? ¿Necesitas tener un compromiso más profundo para asistir a la adoración con otros seguidores de Cristo? ¿Qué puedes hacer para ayudar a tus hijos a desarrollar su fe? Piensa específicamente en las oportunidades que tienes durante las comidas en familia. ¿Cómo puedes usar este tiempo como una oportunidad para ayudar a tus hijos a desarrollar su fe?

SIRVE A DIOS

¿Cuál es uno de los hechos específicos de servicio que tú puedes ofrecerle a Dios en compañía de uno de tus hijos? Invita a uno de tus hijos a entrar en esta oportunidad de ministerio contigo. Ora pidiendo que los dos descubran el gozo y la satisfacción que viene de servir a Dios.

NOTAS PARA EL LÍDER

¿SER O NO SER?

COLOSENSES 3:18-21

INTRODUCCIÓN

¿Por qué es tan importante el tema de los padres? Porque a Dios le importa toda la gente, joven o vieja. A Dios le preocupa profundamente cómo los padres crían y tratan a sus hijos. Algunas personas son íntegras y saludables y parecen ser capaces de pasar a la paternidad con una facilidad relativa. Sin embargo, hay muchas personas que llevan profundas cicatrices, y sus heridas personales hacen que la paternidad sea una proposición potencialmente peligrosa.

Esta sesión nos motiva a ser muy sabios y orar antes que decidamos tener hijos. También pide que sean precavidos todos aquellos que animan a otros a la paternidad sin evaluar con honestidad la salud de su matrimonio y su integridad personal. Si vamos a criar hijos íntegros, necesitamos tener una relación matrimonial sólida y un cierto grado de salud y entereza personal.

Este no es el momento en la historia para volver a ver Brady Bunch y romantizar acerca del bienestar sin fin de los hijos y las familias. Este es un nuevo día. Tenemos que encarar la vida con realismo. Criar hijos hoy va a requerir habilidades bien perfeccionadas. Los padres encaran las demandas más grande de su tiempo y recursos, y confrontan algunas de las decisiones paternales más desafiantes que jamás hayan encarado otros padres.

EL GRAN PANORAMA

Dedica unos momentos a leer esta introducción al grupo. Hallarás sugerencias de cómo hacerlo al principio de la sección del líder.

UNA AMPLIA PERSPECTIVA DE TU MUNDO

Pregunta Uno Estas declaraciones pueden provocar reacciones muy divergentes. Permite una comunicación y reflexión honesta de cada declaración. La clave es comenzar a identificar que criar hijos no es tan fácil como antes solía ser. Nuestro mundo ha cambiado y necesitamos reconocer que ya no tenemos el ambiente para criar naturalmente hijos saludables. Si vamos a criar hijos íntegros tendremos que verdaderamente trabajar, orar y tener energías.

Un amigo mío que hizo una fortuna en la industria de los medios de comunicación le gusta decirle a otros: «Cualquiera puede tener un millón de dólares en mi industria de haber comenzado su negocio a fines de la década de 1960 y haberse presentado la mayoría de los días a trabajar». Ahora bien, es obvio que él ha sido más que un poco modesto acerca de sus logros. Sin embargo, detrás de esa declaración él realmente estaba diciendo: «Miren, el ambiente de negocios, los factores económicos, el ambiente cultural y casi todo lo demás favorecieron el éxito en mi industria en particular durante ese tiempo. Todos los factores eran favorables. Así que, si diez personas comenzaron un negocio a fines de la década de los '60 en esa parte de la industria de los medios de comunicación, es probable que los diez hayan prosperado. Pero los tiempos han cambiado. Ya pasó el ciclo del crecimiento, el clima es completamente diferente. Las condiciones ya dejaron de ser favorables para esa industria. Si diez personas hoy fueran a comenzar negocios nuevos en esa área, es muy posible que solo un par de ellos lo lograría. Y esos que lo lograran tendrían que romperse sus espaldas para hacerlo».

En nuestros días la paternidad tiene muchos paralelos similares. El ambiente ha cambiado. La cultura ha cambiado. Ya no es fácil criar hijos. Es difícil. Incluso el patrón de matrimonios entregados que son regularmente saludables tendrán que trabajar mucho si van a criar hijos íntegros y saludables.

Un retrato bíblico

Lee Colosenses 3:18-21

Pregunta Dos La meta aquí no es crear un debate acerca de las funciones en el hogar. El foco debe ser lo que una familia sería de haber una sumisión mutua, amor y respeto entre todos los miembros de la familia. Este es el plan y diseño de Dios para nuestras familias. Aparta un tiempo para la reflexión honesta sobre cómo sería la familia si seguimos la dirección de Dios en este pasaje.

Pregunta Tres Vivimos en una cultura y en un tiempo egocéntrico. Se nos enseña a buscar nuestros propios deseos y realizar nuestros sueños. Cuando entramos a una relación matrimonial, descubrimos que la vida egocéntrica solo nos lleva al conflicto y la tensión. Si vamos a criar hijos íntegros y saludables, debemos comprometernos a tener una relación matrimonial saludable. El amor, respeto y sumisión mutua en el hogar son esenciales para que esto suceda. Aparta un tiempo para que los miembros del grupo reflexionen en estas cosas que ayudan e impiden el proceso del amor y la vida desinteresada.

Definir el enfoque

Lee la Instantánea «Los tiempos han cambiado» antes de la pregunta 4

Pregunta Cinco Si hoy fueras a reunir a veinticinco expertos en matrimonios y familias y les preguntaras si el clima de la cultura de hoy es más o menos conducente para criar hijos con eficiencia, los veinticinco gritarían al unísono: «Estos son días difíciles». La palabra peligroso realmente sería un adjetivo preciso.

Hace un tiempo, en el *Chicago Tribune* [periódico de Chicago], entrevistaron a un consejero de una escuela secundaria de la localidad. Él trabajaba allí desde 1966. El artículo comenzaba: «Hoy todo es completamente nuevo. Hace veinte años solo unos cuantos muchachos fumaban un poco de marihuana y bebían cerveza el viernes por la noche. Pero lo que sucede hoy los viernes por la noche es increíble. En la actualidad, los muchachos y las muchachas salen el viernes por la noche, toman varias cervezas hasta las 11:30 p.m. y luego tienen sexo. De vez en cuando terminan la noche desbaratando la casa donde celebraron la fiesta. Lo hicieron hace poco en una casa cercana y causaron $10,000 de daños». El consejero siguió mencionando algunas maneras en que el mundo de los estudiantes de secundaria ha cambiado durante las últimas décadas. Mencionó que hace veinte años el divorcio no era tan común. Sus efectos todavía no se sentían básicamente en la secundaria. Las drogas eran nuevas y en la mayoría de los casos no se usaban. No se abusaba ampliamente del alcohol. Las enfermedades trasmitidas por el sexo eran raras, como también era hablar de eso y nunca nadie había oído hablar del SIDA.

Nuestro mundo está cambiando. Los grupos de rap vociferan obscenidades ante multitudes en salas de conciertos, se exhibe la pornografía en las películas y los condones se distribuyen en las escuelas secundarias. Es un mundo completamente nuevo. Es un tiempo peligroso para criar hijos. Mi objetivo con todo esto no es desanimar a los padres para que no tengan hijos. Es simplemente traer un sentido apropiado de seriedad en cuanto a esta decisión. El desafío de criar hijos se está convirtiendo en algo más difícil y los padres deben considerar esto cuando hablan si van a tener hijos o no, y si los van a tener, cuándo. Esto también lleva a una seria consideración en cuanto a la cantidad de hijos que ellos sean capaces de criar bien en el mundo actual.

Lee la Instantánea «Padres heridos» antes de la pregunta 6

Pregunta Seis Esta podría ser una pregunta muy vulnerable para un grupo establecido. Si crees que el grupo puede comentar esto de manera saludable, úsalo en el contexto de todo el grupo. Para estos momentos puedes decidir separar a los hombres de las mujeres y comentar la pregunta seis en grupos del mismo sexo. Otra opción podría ser que los miembros de tu grupo reflexionaran en esta pregunta seis con su pareja. Usa tu propio discernimiento sobre cómo proceder con esta pregunta.

Ten a mano otros materiales por si hablaran acerca de profundas heridas. Tal vez haya necesidad de ayudar a uno o más miembros de tu grupo para que asistan a consejería cristiana y traten algunos aspectos profundos de dolores y heridas. Prepárate para referirlos al consejero de tu iglesia o a un consejero cristiano que conozcas y en quien confíes. Si no tienes medios para satisfacer estos aspectos de necesidad, habla con tu pastor o con algún empleado de la iglesia que te pueda ayudar.

Lee la Instantánea «Tres preguntas críticas» antes de la pregunta 7

Concede diez minutos para que los miembros de tu grupo se dividan como parejas y comenten las preguntas de la próxima sección de esta sesión. Si tienes algunos padres solos, permíteles reunirse con otros padres solos o emplear un tiempo reflexionando por su cuenta.

Pregunta Siete En Mateo 10:16, Jesús dijo: «Sean astutos como serpientes y sencillos como palomas». A la luz de las realidades de los días actuales, me parece que la sabiduría y el buen juicio demandan que los que vayan a ser padres esperen a comenzar una familia hasta que se contesten honestamente las tres preguntas básicas de la Instantánea anterior.

La primera de estas preguntas se enfoca en si la relación entre el esposo y la esposa es suficientemente sólida para aguantar la presión que agregan los hijos. En otras palabras, ¿es el fundamento para la familia suficientemente fuerte para sostener la carga de tener y criar hijos?

Por lo general se cree que el ingrediente más importante en el desafío de criar hijos es que el esposo y la esposa demuestren una relación saludable, constante y amorosa del uno hacia el otro. Es por eso que la Biblia le da tanto énfasis a la necesidad de que los esposos y las esposas desarrollen un verdadero espíritu de intimidad. Hace falta un espíritu de confianza y ternura mutua. Un espíritu de comprensión y respeto.

Dios diseñó la familia para que funcionara de manera que la relación matrimonial fuera el fundamento sobre el cual se pueda edificar toda la familia. Al observar cómo mamá y papá se relacionan, los hijos aprenden eventualmente cómo funciona el amor. ¿En dónde más van ellos a aprender estas lecciones? Es solo en el hogar donde los hijos aprenden cómo funciona la confianza, cómo debe expresarse a otras personas el deleite de la relación, cómo se deben comunicar y recibir los sentimientos, cómo se deben negociar las diferencias, cómo se deben formar los valores y luego vivirlos con valor, cómo deben resolverse los conflictos, cómo debe vivirse el cristianismo dentro y fuera de las paredes de la iglesia, cómo la servidumbre y la sumisión mutua puede lubricar una relación. Con solo andar con el padre y la madre y observar cómo funciona el matrimonio, los hijos absorben gradualmente estas y otras dinámicas críticas.

Como todos nosotros sabemos, un ambiente matrimonial positivo puede contribuir a un sentido fuerte de seguridad personal, y a una entereza general emocional, espiritual y sicológica en las vidas de los hijos. Sin embargo, un ambiente matrimonial negativo puede causar terror, ansiedad, inseguridad, confusión relacional, confusión espiritual, caos emocional y heridas de profundidad inimaginables para los hijos que crecen en esta clase de ambiente.

La aplicación de este punto es obvia: Los que serán padres, por su propio bien y especialmente por el bien de los hijos que ellos están ansiosos por tener, serían sabios en fortalecer y desarrollar las relaciones de su matrimonio hasta lograr una relativa madurez mucho antes de cualquier idea de traer hijos a la escena.

No te engañes, la noción de que tener hijos unirá a los esposos que están enemistados y que tienen problemas matrimoniales simplemente *no es el caso*. Lo más seguro es que los hijos pondrán más presión y tensión en un matrimonio. Las parejas harían bien si esperaran hasta estar seguros de que las relaciones del matrimonio sean lo suficientemente fuertes y saludables como para proveer un fundamento positivo sobre el cual los hijos puedan edificar sus vidas.

Lee la Instantánea «¿Pasar una batuta rota?» antes de la pregunta 8

Pregunta Ocho Tanto el esposo como la esposa necesitan lidiar con sus quebrantamientos y heridas del pasado antes que sin intención alguna inflijan estas heridas a sus hijos. A menudo yo he usado el concepto de pasar una «batuta rota» en el contexto del lema de la carrera de relevo. Esto simplemente es comprender que si tú creces experimentando dolores y quebrantamientos profundos, probablemente pasarás a tus hijos el legado que recibiste. Si a ti te entregaron una batuta rota, lo más probable es que tú pases esto mismo a tus hijos, *excepto* si tienes el valor para primero buscar sanidad y plenitud. A medida que experimentes sanidad de tus heridas, el poder sanador de Dios te puede transformar y dejarte listo para pasar un legado de bendiciones a tus hijos.

Tal vez necesites hacer un convenio con Dios y tu cónyuge para detener el ciclo trágico de la injusticia generacional. Quizás necesites dedicarte a encarar el dolor de tu pasado. Esto significa que debes estar listo a sentir tu dolor, comprenderlo por completo, sufrirlo auténticamente, procesarlo por completo y franquearte con algún amigo/a y, mejor aún, con Dios. Tal vez necesites conseguir algún consejero cristiano que te ayude a trabajar durante este proceso. Puedes decidir esperar a comenzar una familia hasta que haya amplias razones de creer que serás capaz de pasar a tus hijos una batuta de bendiciones en lugar de una batuta rota.

En numerosas ocasiones yo he predicado acerca de este tópico. Una vez se me acercó una joven pareja después del culto. El esposo cargaba un bebé. Él dijo: «Mire nuestro tesoro. Hace dos años escuchamos su mensaje acerca de no pasar una batuta rota. Estábamos locos por tener hijos. ¡Cómo queríamos tener hijos! Pero después de su mensaje salimos hasta el estacionamiento, nos miramos y dijimos: "No estamos listos". Ambos fuimos a un consejero cristiano y procesamos lo que significaba para los dos el haber crecido en hogares alcohólicos. Desde entonces hemos estado trabajando en nuestros asuntos y en nuestro matrimonio. Y hemos llegado al punto de la sanidad. Ahora tenemos este precioso hijo y queremos pasarle una batuta de bendiciones». Espero que esta historia también ilustre tu deseo.

Las Escrituras son claras en cuanto a quién tiene la responsabilidad de criar hijos. Es responsabilidad de ambos. La plena participación del padre, emocional y espiritual, es absolutamente crítica para el desafío de la crianza de los hijos. El padre desinteresado o ausente hiere a los hijos de maneras que causan heridas profundas y duraderas. El padre tiene que aceptar el verdadero compromiso de criar a su hijo. Esto es sin decir que tanto la madre como el padre tienen que estar preparados para hacer la inversión substancial y los sacrificios asociados con tener y criar hijos.

Algunos padres creen que ellos pueden «microondear» la madurez de los hijos. Otros nombran a alguien que les críe a sus hijos mientras ellos continúan haciendo ventas récords. Estas opciones no cumplen con el mandamiento bíblico para los padres. Los padres y las madres necesitan hacer de la crianza de los hijos una de las máximas prioridades en sus vidas. Tú debes estar preparado para hacer los cambios que sean necesarios, incluyendo las adaptaciones de la carrera, ajustes financieros y adaptaciones de los horarios para llevar a cabo el supremo llamado de ser padre o madre.

Si tú haces estos tipos de sacrificios y sigues el plan bíblico para criar hijos, Dios tiene la forma de devolver premios multiplicados a los padres. Descubrimos que en la vida familiar hay plenitud, comunidad, seguridad y refugio. ¿Qué se compara con el premio de la paternidad?

Para Lynne y para mí, fue clara la guía de Dios en cuanto a tener hijos. No nos hemos arrepentido de nada. Sin embargo, todos necesitamos buscar honestamente a Dios para estos asuntos. Tienes que ser realista y sobrio al mirar el mundo. Te tienes que hacer preguntas difíciles acerca de la fortaleza de tu matrimonio, acerca de si has lidiado o no por completo con tus propias heridas para asegurarte de no pasar una batuta rota a tus hijos en lugar de pasar una batuta de bendiciones. Si ya tienes hijos y reconoces que les estás pasando una batuta de quebrantamiento, no es demasiado tarde. Busca ayuda ahora mismo. Si procesas tus heridas, todavía hay tiempo para cambiar esto, aunque tus hijos tengan más edad. Todavía tú puedes comenzar a reparar el proceso.

Algunas parejas, bajo la dirección del Espíritu Santo, tal vez decidan invertir sus vidas ayudando a otras familias a criar sus hijos y no tener hijos propios. Este es un asunto privado entre ellos y el Señor. ¿Quiénes somos nosotros para presionarlos de una forma u otra? Algunas parejas tal vez sientan un llamado para el ministerio o vocaciones para las cuales sería conveniente no tener hijos. Este es un asunto privado entre Dios y ellos. Proverbios 3:5-6 dice: «Confía en el Señor de todo corazón, y no en tu propia inteligencia. Reconócelo en todos tus caminos, y él allanará tus sendas». Cuando él dirige, síguelo. Te alegrarás de haberlo hecho.

Sitúate en el cuadro

Dile a los miembros del grupo que al principio de la próxima reunión les darás tiempo para que comenten cómo ellos pusieron en práctica su fe. Deja que cuenten sus historias. Sin embargo, no limites su interacción a las dos opciones provistas. Como resultado de tu estudio, tal vez ya ellos se pusieron en el cuadro en otras maneras. Permite la honestidad y la comunicación abierta.

Además, explica con claridad que no habrá ningún tipo de «examen» o informe forzado. Todo lo que tú vas a hacer es dejar un tiempo para que la gente habla voluntariamente acerca de cómo ellos han aplicado lo aprendido en el último estudio. Algunos miembros del grupo se sentirán presionados si creen que tú vas a pedir que cada uno dé un informe. Tú no quieres que nadie deje de venir a la próxima reunión del grupo por temor a tener que decir que no siguieron lo que aprendieron en la sesión anterior. En su lugar, concéntrate en proveer un lugar para la comunicación honesta sin crear presión o temor de sentirse avergonzado.

Todas las sesiones desde este punto en adelante, abrirán con una mirada al pasado de la sección «Sitúate en el cuadro» de la sesión previa.

CRÍA NIÑOS ÍNTEGROS

DEUTERONOMIO 6:4-9

INTRODUCCIÓN

Si yo pudiera escoger cuatro cosas para que los padres impactaran a sus hijos, esto es lo que yo escogería. Primero, quisiera ver la habilidad de crianza para edificar *un fuerte sentido de autoestima*. Segundo, tendría la esperanza de que los padres fueran capaces de desarrollar *un sentido de competencia personal*. Tercero, quisiera ver que los padres tengan la habilidad de desarrollar *habilidades relacionales saludables* en sus hijos. Y cuarto, y más importante, para criar hijos ansiaría tener la habilidad de *establecer un fundamento espiritual* para la próxima generación.

Algunas personas tal vez quieran impartir una habilidad de crianza para producir un millonario a la edad de treinta años. Otros desearían tener la habilidad de producir un graduado de una universidad prestigiosa, un niño estrella o super atleta. Yo me quedaría con solo las cuatro habilidades mencionadas antes porque creo firmemente que estas representan cuatro aspectos amplios que mejor permiten el crecimiento íntegro de un niño y que mejor lo preparan para esta vida y la eternidad. Estos cuatro aspectos de crecimiento serán el centro de esta interacción de grupo pequeño.

EL GRAN PANORAMA

Dedica unos momentos a leer esta introducción al grupo. Hallarás sugerencias de cómo hacerlo al principio de la sección del líder.

UN RETRATO BÍBLICO

Lee Deuteronomio 6:4-9

Pregunta Dos Si vamos a criar niños íntegros y saludables, necesitamos ser adultos íntegros y saludables. El punto de comienzo de esta entereza se encuentra en las palabras de Deuteronomio 6:5. Necesitamos amar al Señor nuestro Dios con pasión y con todo lo que está en nosotros. Si no estamos tomando pasos activos para aumentar un amor más profundo hacia nuestro Dios, no estaremos listos para criar hijos íntegros y saludables.

DEFINIR EL ENFOQUE

Lee la Instantánea «Fomenta la autoestima» antes de la pregunta 4

Pregunta Cuatro Si alguna vez comienzo a estar un poco entumido o insensible a la importancia que tiene para los niños poseer un fuerte sentido de su valor, todo lo que tengo que hacer es sacar una nota de una carpeta que mantengo en el archivo de mi oficina. Es una historia verdadera acerca de un niño de ocho años de edad llamado Robbie. Él creció en un hogar donde los padres no estaban comprometidos a formar un sentido de valor en sus hijos. Creció en un hogar donde los padres le decían constantemente que él «no servía para nada». En algún momento sus padres tuvieron algunos problemas en su relación. El matrimonio comenzó a desmoronarse y Robbie llegó a la conclusión de que probablemente él era la causa. Así que a los ocho años de edad, Robbie escribió esta carta a sus padres.

> Queridos mamá y papá:
>
> Siento haberlos hecho infelices. Siento ser tan malo. Siento que no soy bueno. Papá, si yo no estuviera vivo, quizás tú amarías a mamá. Lo siento. Todo es culpa mía, así que voy a morir.
>
> Los quiere,
> Robbie
>
> P.D. Teddy está conmigo porque él me quiere
> incluso cuando soy malo.

Después de escribirle esta nota a sus padres usando unos lápices de colores, Robbie se tragó una botella de aspirina, apretó su osito contra su pecho y se acostó para morir. Por suerte, rescataron a Robbie y recibió atención médica, pero tuvo que someterse a un tratamiento psiquiátrico durante un largo, largo tiempo.

¿Qué andaba mal con este jovencito? Él creyó ser una interrupción. Creyó ser un problema. Consideró ser una carga y no una persona valiosa. Tenía una falta total de autoestima, un sentido de falta de valor que llegó a ser tan profundo que la muerte se convirtió en una mejor opción que la vida.

Los padres nunca deben subestimar cómo los niños ansían desesperadamente que los amen, valoren y le digan que son importantes y atesorados. No trivialices ni descuentes la importancia de fomentar autoestima en tus hijos, no importa la edad que tengan.

Cuando tú buscas fomentar la autoestima en tus hijos, recuerda estas tres cosas: una palabra, una mirada y un toque.

Una palabra. La crianza es poderosa. Por medio de palabras se forma o se destruye a los niños. Un amigo mío me escribió estas palabras: «Mis padres me destruyeron con sus palabras. Recuperarme ha costado años de esfuerzo y arduo trabajo y miles de dólares de consejería. Si alguna vez Dios me confiara unos hijos, te aseguro que van a escuchar afirmaciones todo el tiempo». Los padres necesitan entender el poder de sus palabras para formar o destruir a sus hijos. Luego ellos necesitan hacerse responsables de fomentarlos. Decir «¡Te quiero!» cientos de veces y luego repetirlo quinientas veces. Decirlo mil veces y luego decirlo diez mil veces. «¡Roberto, te quiero!» «María, tú eres preciosa para mí». «Miguel, eres un gran muchacho». «Juanita, tú me das más alegría de la que nunca pensé que un corazón humano podría tener. Ay, cuánto gozo me das». «Mateo, si yo pudiera mandar a diseñar a un niño, es decir, escoger todo lo que quisiera en un hijo, yo escogería a uno que midiera y pesara lo mismo que tú con un pelo como el tuyo y una cara como la tuya y con brazos fuertes y pequeños como los tuyos y piernas que corrieran igual que corren tus piernas. Escogería a un niño que se riera y llorara como tú. Mateo, yo te escogería entre un millón de muchachos en una fila. Tú necesitas saber que tu papá está loco por ti».

¿Recuerdas a Dios el Padre en el bautizo de Jesús? Jesús está frente a una multitud casi listo para comenzar su ministerio terrenal. Todo está en silencio y las palabras vienen de Dios el Padre en el cielo: «Éste es mi Hijo amado; estoy muy complacido con él» (Mateo 3:17).

Una mirada. Las miradas de amor pueden llegar a ser fotografías permanentes en el álbum de fotografías mental que tus hijos llevan a todas partes en sus cabezas durante el resto de sus vidas. Solo míralos de vez en cuando y déjales ver el deleite en tus ojos, la ternura, el afecto. Las miradas son poderosas. Al mismo tiempo, sé muy cuidadoso para no dispararles miradas airadas o cortantes con ojos como dagas. Con los ojos y con las miradas que damos a la gente, nosotros comunicamos mucho. Nuestros hijos toman estas fotografías en sus mentes y corazones. Necesitamos mirarlos con ternura y amor.

Un toque. Los padres necesitan escuchar esto más que la mayoría de las madres, pero todos los padres necesitan un recordatorio ocasional acerca de la importancia de un toque amoroso. No dejes pasar un día sin darle a tus hijos, de todas las edades, un toque apropiado, afectivo. Si tus hijos son jóvenes, corre detrás de ellos, reúnelos, agárralos y ahógalos con afectos. En nuestra casa acostumbrábamos a llamar estos momentos «ataques de amor». Mis hijos podían ver esa mirada en mis ojos mientras yo les caía atrás para uno de esos ataques de amor, y ellos se echaban a correr. Pero siempre se aseguraban de que yo los agarrara. Obviamente, los toque apropiados cambian a través de los años. Pero los padres siempre pueden afirmar el valor de un niño por los toques tiernos que envían señales de afirmación y afecto que no se olvidan con facilidad.

Un domingo por la mañana, después de un culto en la iglesia, vi a un hombre con un hijo de veinte y tantos años caminando hacia el recibidor. Mientras iban caminando uno al lado del otro yo vi que el hombre tiró el brazo alrededor de los hombros de su hijo. El hijo escurrió su brazo alrededor de la espalda de su padre. ¡Esto es poderoso!

Lee la Instantánea «Desarrolla un sentido de competencia personal» antes de la pregunta 5

Pregunta Cinco En algún momento haz un estudio acerca del origen de algunas personas altamente competentes. Por lo general encontrarás que estas personas tenían padres que entrenaron y desafiaron a sus hijos para desarrollar y extender sus talentos temprano en la vida. No estoy abogando por una preparación de formación prenatal o tarjetas educativas en la sección de maternidad de un hospital. Pero un factor establecido es que si los padres toman el tiempo para preparar, instruir, entrenar e inspirar a sus hijos temprano, estos hijos aprenden a ser más competentes. Son capaces de fallar y tener éxito con más confianza. Creo que desarrollar un fuerte sentido de competencia y habilidad en la vida de los hijos jovencitos es una de las pruebas más cruciales de la paternidad eficiente.

Espero y oro que mis hijos desarrollen la autoconfianza para ser capaces de decirse con toda convicción: «Yo tengo algunas habilidades e inteligencia. Puedo pensar en un problema. Puedo descubrir cómo llegar a hacer las cosas aunque hayan obstáculos. Puedo quedarme hasta que se haga el trabajo. Tal vez me lleve un tiempo, pero es probable que sea capaz de hacerlo. Puedo competir y lograr un buen desempeño».

Lee la Instantánea «Desarrolla habilidades relacionales» antes de la pregunta 6

Pregunta Seis Es críticamente importante para los padres ayudar a sus hijos a desarrollar fuertes habilidades relacionales. Una parte central de esto es ayudarlos a aprender a comunicarse bien, lo cual incluye hablar acerca de los sentimientos. Dediquen un tiempo en el grupo a desarrollar algunas buenas preguntas de discusión que sean apropiadas para la etapa de niños de varias edades. Después de idear algunas preguntas buenas, pruébenlas haciéndoselas unos a otros. Luego, anima a los miembros del grupo a también probarlas ellos con los jovencitos en su vida.

La falta de habilidades relacional y de comunicación es una de las razones por las que tantos jóvenes llegan a ser sexualmente activos a edades inimaginables. Cuando están con miembros del sexo opuesto, simplemente no saben qué más hacer. Ellos nunca aprendieron las habilidades conversacionales que son necesarias para comenzar una amistad de valor. No saben cómo tener un diálogo significativo. No saben cómo preguntar o contestar las clases de preguntas que los capacitará para lograr el fundamento de una relación.

Pregunta Siete Padres, ahora más que nunca necesitan enseñar y modelar habilidades relacionales. Sin estas, los niños no están preparados para la vida. Y ellos nunca estarán completos sin tener estas habilidades.

Aquí hay algunas sugerencias prácticas sobre cómo hacer esto.

Haz el hábito de hacerle preguntas a tus hijos que los fuercen a comentar sus sentimientos. En lugar de solo preguntar: «Miguel, ¿cómo te fue en el examen de matemáticas?» Haz la siguiente pregunta. «Miguel, ¿te parecería bien sacar una nota C?» O «Miguel, ¿qué impresión te ha dado recibir una B+? ¿Estás satisfecho con esto? ¿Te entusiasma esta idea? ¿Te sientes avergonzado? ¿Te pusiste bravo por eso? ¿Te frustraste? Dime qué crees acerca de esto». En lugar de decir: «María, ¿qué tal estuvo la escuela hoy?» En lugar de preparar una respuesta de una palabra, por qué no decir: «María, ¿cómo te va con las amistades en la escuela? ¿Tus amistades te hacen sentir bien? ¿Cómo te sientes en cuanto a la escuela? ¿Te gusta? ¿La odias? ¿Te sientes frustrado con la escuela?» Convéncelos de que realmente tú quieres saber sus sentimientos. Tal vez al principio tengas que sacarles esa información. Tal vez tengas que ayudarlos con algunas palabras escogidas y algunas descripciones de los sentimientos, pero estas clases de conversaciones van lejos cuando se trata de fomentar las habilidades relacionales de tus hijos. Ellos aprenden el arte del diálogo, de expresión, de comunicación. Y déjame agregar esto, asegúrate de expresar algo de cómo *tú* te sientes cuando ellos te hacen preguntas acerca de tu día, tu trabajo, tu vida.

Modela qué hacer cuando una relación sufre o se destruye. A través de los años Lynne y yo decidimos conocer el hecho de que el matrimonio requiere una cierta cantidad de luchas y conversaciones fuertes para mantenerse en línea. Nosotros no les escondemos esta realidad a nuestros hijos. No quiero que crezcan pensando que todo es una felicidad matrimonial. No quiero tener que ir siempre al dormitorio para cerrar la puerta o salir a comer para hablar y resolver un conflicto sin ellos presentes. Quiero que ellos tengan el hábito de ver que de vez en cuando mamá y papá tienen que trabajar en algunos asuntos para hacer que el matrimonio funcione. Quiero que ellos sepan que todas las relaciones están sujetas a aguas picadas y están sujetas a rupturas o quebrantamientos. Ellos necesitan ver y aprender de las soluciones saludables a los conflictos.

Lee la Instantánea «La dimensión espiritual de la vida» antes de la pregunta 8

Sitúate en el cuadro

Desafía a los miembros de tu grupo a tomar un tiempo en la próxima semana para usar parte o toda esta sección de aplicación como una oportunidad para continuar creciendo.

AFIRMA LO EXCEPCIONAL DE CADA NIÑO

SALMO 139:1-18

INTRODUCCIÓN

Esta sesión es acerca de discernir y descubrir lo excepcional de tus hijos. Cada hijo es un poco diferente y los padres necesitan descubrir y afirmar qué es excepcional en cada hijo. Las diferencias consisten principalmente en los aspectos de temperamento, los intereses y habilidades que lo motivan y la manera en que expresan y reciben amor. La teoría de que los niños solo son trozos de barro para que los padres los moldeen ha perdido su brillo en los años recientes. Reconocemos que los niños no son todos iguales. Tienen sus propias características y tendencias que ruegan expresarse. En este estudio descubriremos cómo reconocer lo excepcional de cada niño y cómo motivar a cada uno para que desarrolle su personalidad y su manera distintiva de abordar la vida. Ya es tiempo de que los padres dejen de tratar de moldear a los hijos de acuerdo a una noción preconcebida de lo que los padres creen que los hijos deben ser. Dios hace diferente a cada persona. Necesitamos descubrir y nutrir esas cualidades excepcionales.

EL GRAN PANORAMA

Dedica unos momentos a leer esta introducción al grupo. Hallarás sugerencias de cómo hacerlo al principio de la sección del líder.

UNA AMPLIA PERSPECTIVA DE TU MUNDO

Pregunta Uno Hace varios años, un domingo, Shauna, Todd y yo veníamos de la iglesia para la casa. A medida que escuchaba su conversación, aumentó mi preocupación acerca del contenido y el tono de la misma. No me gustó la clase de comunicación que estaba escuchando entre mis dos hijos. Mientras más escuchaba, más ira sentía. Cuando llegamos a la entrada de la casa, ya yo estaba disparándoles con todas mis municiones.

Shauna venía sentada en el asiento del frente y Todd en el de atrás. Yo sabía que dispararle con todas mis municiones no afectaba mucho a Shauna. Así que intensifiqué mis expresiones: «Estoy harto y cansado...» y «Si los vuelvo, vuelvo, vuelvo...» y «así que se los prometo». ¡Dejé que los dos lo entendieran bien! Cuando terminé, Shauna estaba humillada. No estaba quebrantada. No se estaba inclinando de remordimiento o prometiendo no hacerlo nunca más. Pero su humillación era suficiente para satisfacerme. Mientras entraba a la casa, yo me dije: «Bueno, costó hacerlo, pero ella lo entendió bien. Buen trabajo, papá. Muchos no tendrían el valor de hacer lo que yo hice. Es difícil criar hijos de voluntad fuerte, pero salí bien. Tener un padre como yo es una suerte para ella».

Exactamente en ese momento vi a Todd tambaleándose en la parte de atrás del auto. Casi olvidé que él estaba en el auto. Cuando lo vi, supe al instante que lo que yo dije lo había devastado. Su cara estaba distorsionada y tenía una mirada de tristeza y vergüenza que no era buena. Estaba sollozando: «Papá, lo siento, lo siento, lo siento». En este momento de punzada de corazón, conocí el dolor paternal en un nivel más profundo que nunca antes había conocido. Fui demasiado fuerte para él. Entonces, como si mi pesar no fuera suficiente, él vino directamente a mí y me rodeó con sus brazos mientras seguía sollozando: «Papá, lo siento, lo siento, lo siento mucho». Y no solo Todd estaba herido, sino que yo también estuve mal durante el resto del día.

Esto fue un ejemplo reluciente del peligro de tratar de la misma manera a niños muy diferentes. Recuerdo que volví al estudio y le conté a Lynne todo lo sucedido. Yo dije: «Lynne, si yo disciplino a estos niños exactamente igual, los dos estarán en un verdadero quebrantamiento de corazón pero ellos son muy diferentes». Shauna es muy fuerte. Ella necesita fuertes enfrentamientos y disciplinas debido a la manera en que fue hecha. Todd solo requiere una reprimenda leve. Y si esta no va seguida de inmediato por expresiones de amor y afirmación, su espíritu se derrumbará. Desde ese día inolvidable en lo adelante, Lynne y yo hemos hecho todo lo que está a nuestro alcance para discernir la exclusividad en nuestros hijos y para modificar nuestro acercamiento a medida que tomamos en consideración estas diferencias.

Un retrato bíblico

Lee el Salmo 139:1-18

Pregunta Tres Si vamos a afirmar la exclusividad de nuestros hijos, necesitamos comenzar por verlos como Dios los ve. Ellos son importantes para Dios y él los ama profundamente. Él los moldeó. Estaban hechos de manera exclusiva. Tal vez sea difícil para algunos padres apreciar la exclusividad de sus hijos porque ellos tienen un tiempo difícil viéndose a sí mismos como de valor para Dios. Los padres necesitan verse como «hechos temerosa y maravillosamente». Este pasaje y los comentarios que sigan ayudarán a los miembros del grupo a explicar cómo cada uno de nosotros es exclusivo y maravilloso.

Lee la Instantánea «Afirma el temperamento único de cada niño» antes de la pregunta 4

Preguntas Cuatro y Cinco Puede haber muchas diferencias temperamentales en los niños nacidos en la misma familia. Un hijo puede ser una mariposa social... nunca feliz si no tienen muchas personas a su alrededor con quienes relacionarse. Otro hijo en la misma familia puede preferir jugar solo durante horas. Un niño pone todos sus juguetes en filas impecables y mantiene todas sus cosas en orden. El otro niño en la misma familia se dedica a un desorden total. Este niño parece tener el compromiso de ser un caótico y desordenado.

Recuerdo hace años sentarme en un restaurante cuando mis hijos eran jovencitos. Todd agarró todas las vasijas de jaleas, las puso sobre la mesa, las organizó según los sabores y luego las volvió a colocar en su lugar. Él no podía entender por qué el administrador toleraba el reguero de jaleas. Al otro lado de la mesa Shauna estaba mezclando el té con el café, la crema y el azúcar y experimentando una nueva y creativa mezcla.

Un hijo en una familia es relajado y desenvuelto. Otro es tenso, preocupado y necesita saber todos los detalles. «Cuándo nos vamos? ¿Adónde vamos? ¿Cuándo vamos a regresar? Dime, mamá. Dime, papá». Estos solo son ejemplos de las diferencias de temperamentos que Dios da. A un hijo le encantan los riesgos. Los nuevos desafíos se reciben con «Papá, déjame ser el primero. Déjame probar». Otro hijo encara un nuevo desafío y dice: «Yo no, mamá. Nunca lo haré». Ese niño es temeroso y se acerca a cada nuevo riesgo con gran temor. Al final del día un niño viene por la puerta y expone en la mesa cada pensamiento y sentimiento que tiene. Otro niño es callado y algo dudoso de comentar sus sentimientos y tú terminas por tener que sacarle esa información y sentimientos. ¿Cómo explicas todas esas diferencias, excepto al decir que a Dios le pareció bien programarnos a cada uno de nosotros de maneras diferentes y darnos temperamentos y personalidades según él quiso.

La crianza efectiva demanda que no solo estudiemos a nuestros hijos lo suficiente para discernir sus exclusividades, sino que también los afirmemos. Necesitamos expresar el deleite en sus diferencias y celebrarlos. Al hacerlo así, le damos a cada uno de nuestros hijos la seguridad de que Dios los hizo de la forma que los hizo porque él quería alguien en la tierra que reflejara Su imagen por medio del arreglo de su exacta personalidad y temperamento.

Pero padres, sean honestos. Es más fácil decir que hacer. ¿Es fácil para una madre enérgica, extrovertida y dinámica realmente afirmar y celebrar a la hija tímida, reservada e introvertida? ¿No es una tentación para una «mujer maravilla» querer tener una «hija maravilla»? ¿Es fácil para un padre de alto riesgo, fieramente competitivo realmente encontrar deleite en un hijo tranquilo y relajado que no tiene el instinto competitivo? Para los padres que están programados de una manera realmente no les es muy fácil deleitarse en un hijo que es diferente. Pero padres, si ustedes entienden el genio creativo de Dios y si aprecian el hecho de que Dios no hace una producción en masa, aprenderán cómo afirmar la exclusividad en las vidas de sus hijos. Celebren a cada uno de ellos.

Cuando los padres comunican un sentido de deleite en la manera en que Dios programó a cada uno de sus hijos, ese deleite desata una dinámica positiva y poderosa que les sirve a través de la vida y la eternidad. ¿No vale la pena pensar y orar un poco? ¿No vale un desayuno o una comida donde los padres salgan y preparen una clase de perfil del temperamento de cada uno de los hijos, comenten las diferencias y luego trabajen diligentemente con la ayuda de Dios para afirmar esas diferencias y celebrarlas?

Lee la Instantánea «Afirma los intereses y habilidades» antes de la pregunta 6

Pregunta Seis Padres, este es el momento de decidir. Estamos en la encrucijada del camino. Cuando descubrimos lo que realmente motiva a nuestros hijos, cuáles son las pasiones e intereses que los motivan, podemos afirmar sus pasiones y guiarlos en esa dirección, o podemos intentar extinguirlos. Podemos celebrar su entusiasmo por estas habilidades e intereses motivadores y buscar cómo fomentar estos sentimientos vigorizados, o les podemos imponer nuestros intereses y nuestras agendas.

Luego de ver los resultados de ambos métodos, yo siempre escogería el camino de la afirmación. El hecho de ser un pastor de una iglesia viene desde hace tiempo, hace dos décadas, cuando yo me paré en la oficina de mi padre y le dije: «Papá, sé que has trabajado durante toda tu vida adulta para formar una compañía que tú me puedes pasar a mí y a mis hermanos. Pero tengo que decirte que esta no es mi pasión. No es lo que me motiva. Siento que Dios me está llamando para hacer algo más». Qué agradecido estoy de haber tenido un padre que por un lado me miró con tristeza y por otro lado me apoyó. Me dijo: «Bill, tienes que escoger y seguir lo que te entusiasme». Una de las primeras cosas que quiero hacer cuando llegue al cielo es darle las gracias a mi padre por afirmarme en lo que yo estaba interesado. Él me dejó libre para que yo hiciera lo que Dios me llamaba hacer en lugar de hacer lo que a él le entusiasmaba que yo hiciera y además me dio su amor para hacerlo.

Mira, el otro día yo estaba pensando que me habría devastado escuchar a uno de mis hijos decirme un día: «Papá, viví la vida que tú me preparaste, pero nunca viví la vida que Dios me preparó». Pensar en eso me hace temblar. Espero que un día mis hijos digan: «Papá, gracias por exponernos a una amplia gama de experiencias de la vida. Gracias por observar y comentar nuestras reacciones, prepararnos un poco. Gracias por afirmarnos en la dirección de las pasiones que nos dio nuestro Dios, no las tuyas ni las de mamá. Gracias por celebrar nuestro llamado exclusivo y nuestras preocupaciones y por no imponernos las tuyas. Gracias por confiar en Dios durante todo el proceso. Gracias por no hacer las cosas por tu cuenta, sino dejarlas en las manos de Dios». Me encantaría escuchar estas palabras algún día. Creo que eso es lo que todos nosotros, los padres, queremos escuchar. Pero para poder escuchar esas palabras, tenemos que descubrir los llamados, intereses y pasiones únicas de nuestros hijos y luego guiarlos en la dirección que Dios esté indicando.

Lee la Instantánea «El lenguaje del amor» antes de la pregunta 7

Pregunta Ocho El desafío tiene dos aspectos. Primero, determina cuál lenguaje prefieren recibir cada uno de tus hijos, un lenguaje que ellos quieren que tú hables para sentirse amados. Esta no es una pequeña tarea. A menudo requiere mucha observación, experimentación y comunicación. Es probable que varíe en cada niño. Pero cada uno tiene una manera preferida de recibir amor de ti.

Para algunos es un abrazo o afecto físico. Para otros es una palabra o una nota recordándoles lo mucho que los quieres. Y para otros puede ser un regalito especial, o quizás un tiempo a solas contigo. Esto varía de persona a persona.

La segunda parte del desafío es aprender a hablar el lenguaje en particular que mejor ellos sintonicen. Esto puede requerir que nos hagamos multilingües. La tentación es decir: «Yo mostraré mi amor dándoles cosas materiales o lavando y preparando sus meriendas». Debemos ser cuidadosos para no forzarlos a hablar nuestro lenguaje. Por el contrario, necesitamos aprender a llegar a ser fluentes en su lenguaje.

¿Qué de la hija que ansía que la abracen y no puede creer que de verdad la aman si alguien no la está rodeando con sus brazos regularmente? ¿Qué de ella? Algunos de ustedes tienen hijas así. Han estado hambrientas de amor durante toda su vida. Les puedes hablar amorosamente, les puedes dar regalos, les puedes brindar oportunidades excitantes. Si el lenguaje del amor de ellos es que necesitan abrazos y tú no los estás abrazando, esto les quebranta el corazón. Lo que realmente me preocupa acerca de las hijas que necesitan que las abracen es que si mamá y papá no las abrazan de manera apropiada, cuando lleguen a ser estudiantes de la secundaria, las abrazará cualquier tipo que venga por sus alrededores con los brazos abiertos. Tristemente, muchas veces este no es el tipo correcto.

¿Qué del hijo que nunca se sentirá amado al menos que alguien pase largos ratos con él? ¿Qué de él? Tú le puedes dar regalos, decirle que lo quieres, abrazarlo hasta que esté azul. Pero si está hecho de manera que necesita recibir grandes cantidades de tiempo para amarlo auténticamente, entonces andar con él es lo que le va a decir: «Te quiero».

Si nosotros dirigimos y logramos estos aspectos del desafío de aprender el estilo del lenguaje de amor que cada hijo prefiere y llegamos a dominarlo, entonces realmente vamos a vincularnos con cada uno de nuestros hijos de maneras que nos unirán para toda la vida.

Toma esto con seriedad. Estudia a cada uno de tus hijos, experimenta con una variedad de expresiones de amor, y mira a ver a cuál lenguaje tus hijos responden mejor y luego, para su beneficio, procura hablar su lenguaje. Cuando comiences a ver la reacción de cada uno de tus hijos, le darás las gracias a Dios mil veces por despertarte a la necesidad de discernir y hablar el lenguaje del amor de cada uno de los niños.

Padres, solo tenemos a nuestros hijos durante una temporada. Vamos a decidir juntos darles recuerdos, darles tesoros que ellos lleven a través de la vida y la eternidad.

Sitúate en el cuadro

Desafía a los miembros de tu grupo a tomar un tiempo en la próxima semana para usar parte o toda esta sección de aplicación como una oportunidad para continuar creciendo.

ERRORES QUE COMETEN LOS PADRES

PROVERBIOS 13:24; 22:15

INTRODUCCIÓN

Todos cometemos errores. Pasado un tiempo podemos reírnos de la mayoría de ellos. Pero algunos errores son diferentes y no llegan a ser más cómicos con el transcurso del tiempo. Algunos errores llegan a ser cada vez más trágicos y muchos errores de los padres caen en esta categoría. Tú sabes cómo es esto. El temperamento del pequeño Tomasito era gracioso a la edad de dos años. Demasiado gracioso para que los padres se preocuparan. Demasiado gracioso para corregirlo. A la edad de doce años Tomasito seguía recibiendo detenciones de la escuela por pleitos y no fue tan gracioso. A la edad de veintidós años tampoco fue nada simpático, le dejó un ojo morado a su esposa. No fue nada gracioso que a la edad de treinta y dos años tirara a su hijo a través de la puerta de tela metálica, y entonces el humor se convirtió en horror. Muchos errores de los padres son así. No se hacen más cómicos con el tiempo. Los años tienen la tendencia de multiplicar las consecuencias de nuestros errores de padres.

En este estudio quiero enfocarme en los tres errores que los padres parecen cometer con alarmante frecuencia. Estos errores por lo general tienen que ver con el proceso de la *disciplina*, cómo se manejan los *sentimientos* en el hogar y cómo se desarrollan el *carácter* y la fuerza interior en las vidas de los niños. Si podemos aprender al principio del proceso de criar hijos, les podremos evitar muchos dolores de cabeza en el futuro.

EL GRAN PANORAMA

Dedica unos momentos a leer esta introducción al grupo. Hallarás sugerencias de cómo hacerlo al principio de la sección del líder.

Una amplia perspectiva de tu mundo

Pregunta Uno Todos pasamos momentos embarazosos en la vida. Dediquen un tiempo en el grupo para contar algunas historias. Estas no tienen que referirse a criar hijos. Si necesitas más ayuda para hacer que gire la rueda, tal vez quieras contar la historia siguiente.

Una vez yo andaba con un grupo de atletas y las cosas estaban un poco lentas así que les pregunté si me podían contar acerca de alguna situación embarazosa en su pasado. Uno contó la historia de una experiencia que tuvo en la secundaria como un jugador de basketball de tercer nivel. Él pasó la mayor parte del tiempo sentado en el banco cerca a las animadoras. Pero el último año, en el juego para reconocer a los ex alumnos, salieron botados una buena cantidad de jugadores. Él pensó: «Tal vez yo juegue esta vez. Mi familia y amigos están aquí. Tal vez en esta celebración por fin llegue la oportunidad de verme jugando». Su corazón estaba latiendo y sus manos comenzaron a sudar. Llegó la última parte del juego y estaban casi empatados. Como se esperaba, descalificaron a la guardia del segundo nivel. El entrenador lo miró a los ojos y le dijo: «Tú, entra al juego». Él estaba tan entusiasmado que se apuró para quitarse la chaqueta y los pantalones para calentarse y corrió a la cancha. Entonces sintió una brisa extraña. Él se había quitado los pantalones para calentarse y allí estaba parado en el centro de la cancha en sus protectores atléticos. ¡*Esto sí fue* un momento vergonzoso!

Un retrato bíblico

Lee Proverbios 13:24 y 22:15

Preguntas Dos y Tres La Biblia dice que todos los hijos necesitan desesperadamente disciplina. Lee Proverbios 22:15. La Biblia enseña que debido a la presencia muy real del pecado y el maligno en la naturaleza del ser humano, los niños nacen con una inclinación a la rebelión, al egoísmo y la autopromoción. Los niños nacen listos para mentir, engañar y manipular. Ellos naturalmente harán lo que sea necesario para salirse con las suyas.

La Biblia dice que si los padres no confrontan estas tendencias pecaminosas, si no las detienen, si no hacen todo lo que esté a su alcance para exponer estas cosas y ayudar a sus hijos a identificarlas y aprender a controlarla internamente, esas tendencias pecaminosas eventualmente tiranizarán los sistemas de valor interno de los niños y naufragarán sus vidas. La Biblia nos advierte que si no disciplinamos a nuestros hijos, arruinaremos sus vidas.

DEFINIR EL ENFOQUE

Lee la Instantánea «Lidiar con la disciplina» antes de la pregunta 4

Pregunta Cinco Déjame repasar algo del ABC en el arte de disciplinar a los niños. Aunque estas notas son breves, serán muy útiles si tú las repasas antes de dirigir al grupo. También será de ayuda mostrarle a tu grupo esta sección de las notas del líder para que las estudien aparte.

Los padres que realmente aman a sus hijos deben desear expresar ese amor haciéndose expertos en el aspecto de la disciplina. Todos *los padres necesitan aprender que ellos son capaces de improvisar sus habilidades para la disciplina.* Hay libros, videos, series de películas, conferencias y seminarios cristianos acerca de este tema. Todo esto explica muy detalladamente las maneras más efectivas y bíblicas para disciplinar a los niños. Los padres necesitan tomar ventaja de estas.

Todos los padres necesitan aprender cómo *comunicar, con claridad, las expectativas* a sus hijos. Es esencial explicar los premios por el cumplimiento y las consecuencias por la falta de cumplimiento. Una vez que las expectativas se comuniquen con claridad y queden bien entendidas, entonces viene la necesidad de seguir el proceso. El cumplimiento trae premios y la falta de cumplimiento tiene que tener sus consecuencias apropiadas. Es importante ser constante en la administración de las consecuencias por la falta de cumplimiento. Tienes que darle seguimiento todo el tiempo.

También debes *disciplinar con discernimiento.* No debes disciplinar siempre con la rigidez militar ni irte al otro extremo, con un guiño y un indulto, sino que debes disciplinar con discernimiento. ¿Miguel quebró las reglas intencionalmente y con malicia? ¿Decidió con un espíritu atrevido poner su pie sobre la línea para ver si sus padres soportaban esto? Si eso es lo que Miguel está haciendo, será mejor que sus padres lo confronten. Será mejor que le enseñen que los límites son parte de la vida y que la autoridad es real.

Sin embargo, es posible que Miguel olvidara la regla. A veces los niños olvidan. Quizás se presentaran circunstancias extenuantes que requieren una consideración especial y hasta una disminución de la severidad de las consecuencias porque su propósito no fue atrevido. Quizás solo fue una distracción. Esto puede requerir un recordatorio y no una disciplina. La clave es orar en cada situación pidiendo discernimiento.

El discernimiento determina cuándo el mejor curso de acción para el niño es dar unas nalgadas, diez minutos sentados o un abrazo cariñoso y perdonador que dice: «Sé que te olvidaste. Sé que la próxima vez te portarás mejor». La disciplina que se realiza con discernimiento determina si el mejor curso de acción para los niños mayores es tener una restricción de los privilegios, tareas extras, notas de apología o actos de restitución. Ese discernimiento viene por el estudio, la lectura, oración y conversación con otros padres y expertos en el desarrollo. Es la responsabilidad de cada padre/madre desarrollar sus habilidades personales de discernimiento.

Otro asunto básico para la disciplina constructiva es *asegurarte de seguir la disciplina con afirmaciones de amor, abrazos cariñosos y palabras tiernas*. Tú debes explicarle a tus hijos que ellos te importan tanto que no puedes permitir actitudes y acciones destructivas que socaven sus vidas y futuros. Algunos de los momentos más tiernos que he tenido con mis hijos han sucedido después de disciplinarlos firmemente. Todavía tengo recuerdos de unos momentos con Shauna, mi hija, después de haberla disciplinado. Recuerdo abrazarla y decirle: «Shauna, tú eres una joven increíble. Tú eres importante para Dios. Eres habilidosa y talentosa. Te aguarda un futuro brillante y yo no puedo dejarte marchar a un futuro brillante con la carga que estás llevando, porque no te servirá bien. Tuve que hacer lo que hice porque te quiero y no puedo permitir que en tu vida existan estos valores y esos patrones de conducta». Fueron muchas las veces que ella me rodeó el cuello con sus brazos y me dijo: «Gracias, papá. Te quiero, papá».

Necesitamos aprender cómo *terminar el proceso de la disciplina diciendo: «Ya todo pasó»*. Nos abrazamos, hablamos del asunto y ahora ya acabamos. Vamos a pasar la página, comenzar un nuevo capítulo y seguir al futuro con una estrecha relación.

Lee la Instantánea «Expresar emociones» antes de la pregunta 6

Preguntas Seis y Siete Agradezco que haya consejeros cristianos preocupados y terapeutas habilidosos que hayan dedicado sus vidas para ayudar a sanar personas emocionalmente heridas. Estos consejeros están diciendo: «No importa lo que oyeras en tu hogar, estoy aquí para decir que tus sentimientos son importantes. Importaban cuando eras joven. Importaban cuando eras un adolescente. Importaban cuando tú tenías veinte y treinta años, e importan ahora. Así que vamos a hablar acerca de estos».

Los consejeros cristianos nos recuerdan que Dios tiene sentimientos. Dios experimenta sentimientos profundos. Lee la Biblia y los verás. Él nunca refleja ser una máquina divina, un dios robot sin afectos. Él experimenta deleite y tristeza e ira y desesperación y grandes niveles de gozo. La Biblia es muy clara acerca de la expresión de emociones de Dios.

Cuando Jesús estaba en esta tierra él experimentó una profunda emoción: gozo, tristeza, ira y entusiasmo, todas estas fueron parte de la experiencia de Jesús. Nuestros sentimientos son parte integral de lo que nos hace ser los portadores de la imagen de Dios. La crianza efectiva demanda que autenticemos, afirmemos, saquemos y celebremos los sentimientos de los hijos. Estos sentimientos también se deben comentar regularmente para que se interpreten con cuidado. Necesitamos ayudar a nuestros hijos a aprender a expresar las emociones positivas y negativas de manera constructiva y no destructiva.

Los padres que aprenden cómo pastorear las emociones de sus hijos, le darán a sus hijos un tesoro que el dinero no puede comprar. Estos padres le dan a sus hijos el derecho de experimentar sentimientos profundos y las habilidades de saber cómo expresarlos con propiedad. ¿Se sienten tus hijos libres para hablar acerca de sus emociones? ¿Los ayudas a identificar sus sentimientos y comunicarlos?

Lee la Instantánea «Fomentar el carácter» antes de la pregunta 8

Pregunta Ocho Recuerdo algunas de las situaciones en las que me colocó mi padre y también el arduo trabajo que él esperaba que yo hiciera, y ahora entiendo que esta era su manera de darme una oportunidad para llegar a ser fuerte. Él pudo hacer que mi vida fuera fácil, pero no lo hizo. Insistió en que me viera en situaciones en las que yo podría tener una oportunidad de llegar a ser un adulto maduro. Él quería que yo formara mi carácter y que tuviera un sentido de responsabilidad.

Nunca jamás sobrestimes la importancia de los primeros treinta años de la vida de Jesús como un carpintero. Cuando veo películas que representan a Jesús como un místico, afeminado, un debilucho con mirada vaga, quisiera pararme y gritar: «Él fue un jornalero durante veinte años. Él tenía que verse como un obrero de construcción y no como un ratón de biblioteca, pálido y delicado». Me pregunto cómo se formó tanta fortaleza, valor y perseverancia en Jesús mientras que José, su padre, hacía que lo ayudara a cargar troncos de árboles, cortar maderas y trabajar en el taller de carpintería. El desafío de trabajar en la construcción catorce horas al día bajo el sol ardiente del Medio Oriente tenía que producir algún carácter en Jesús. Dios no lo libró de trabajos fuertes, astillas de madera enterradas en la piel y dolores de espalda al final de un fuerte día de trabajo. El Padre no trajo a Jesús al mundo para decirle a los treinta años: «Ahora tienes tres años de ministerio y luego regresa a casa». Dios le dio desafíos a su propio Hijo. De la misma manera, los desafíos que colocamos en nuestros hijos les servirán de beneficio. Tenemos que decidir no cometer los errores de privar a nuestros hijos de las mismas experiencias de la vida que los pueden hacer fuerte. Vamos a no sobreproveer ni tampoco sobreproteger.

Sitúate en el cuadro

Desafía a los miembros de tu grupo a tomar un tiempo en la próxima semana para usar parte o toda esta sección de aplicación como una oportunidad para continuar creciendo.

EL HOGAR COMO UN CENTRO DE TRAUMA

GÁLATAS 6:1-5

INTRODUCCIÓN

Necesitamos reconocer la importancia crítica del hogar como un centro de trauma. Los hijos están recibiendo golpes emocionales y son el blanco de todos. Ellos necesitan un lugar seguro donde experimentar sanidad y aceptación. Si esto no sucede en nuestros hogares, es probable que tampoco suceda en ninguna otra parte.

A veces me pregunto adónde van los miembros de la familia para un tratamiento cuando el hogar no funciona como un centro de trauma. Algunos esposos y padres van a los bares y lugares para tomar y relajarse y con la bebida disipar sus problemas. Algunos van a los excesos de logros y otros establecen relaciones ilícitas con personas fuera de la familia que ofrecen un oído que escucha y un toque de amor. Muchas madres y esposas están haciendo lo mismo en estos días. Cuando los jóvenes descubren que el centro de trauma de la familia está cerrado, se van a sus compañeros que les ofrecen malas respuestas. Algunos esconden sus heridas durante muchos, muchos años hasta que esas heridas menores se infectan críticamente. Ninguna de estas alternativas son lo mejor de Dios para los miembros de la familia. El diseño de Dios es que cada hogar funcione como un centro de trauma para cada miembro de la familia.

EL GRAN PANORAMA

Dedica unos momentos a leer esta introducción al grupo. Hallarás sugerencias de cómo hacerlo al principio de la sección del líder.

Una amplia perspectiva de tu mundo

Pregunta Uno Recuerdo ir a mi estudio después de mi experiencia con Todd (descrita en la sesión de introducción) para pensar en lo que había sucedido. Me senté en el sofá y pensé: «Creo que estuve cerca de cometer un grave error en la crianza. Creo que fue un trauma de autoestima para mi hijo». Recuerdo pensar: «Me pregunto qué habría sucedido de no haber estado yo presente esta noche o de no haberme quedado con él y haberle dado la oportunidad de decirme qué había en su corazón. Me pregunto durante cuánto tiempo él llevó solo esa carga. Me pregunto cuántas veces él le habría dado vueltas en su cabeza: «Ay, soy un extraño, ¿no es así? Quizás lo sea. Quizás lo sea». Recuerdo que esa noche pensé: «Casi me siento como un médico de un salón de emergencia que acaba de diagnosticar una herida y aplicar un tratamiento justo a tiempo».

Luego pensé: «Me pregunto cuántas de estas emergencias que no son médicas, he perdido durante los años. Me pregunto cuántas veces mis hijos han experimentado clases similares de traumas que nunca vi. Me pregunto cuántos miembros de mi familia directa han estado heridos sin recibir un tratamiento en mi hogar. Fue en este momento que le pedí a Dios que me ayudara a pensar en mi hogar como un centro de trauma para cada uno de sus miembros. Un lugar donde cada miembro de la familia pueda recibir un cuidado rápido y amoroso para cada golpe, arañazo y herida de la vida. Espero que puedas comenzar a ver tu hogar como un lugar así.

Un retrato bíblico

Lee Gálatas 6:1-5

Pregunta Tres ¿Recuerdas las famosas palabras de Jesús en Juan 16:33? Él dijo: «En este mundo afrontarán aflicciones». En otras palabras, necesitas esperar problemas y planear en cuanto a esto. Vienen a ti. Todos los miembros de todas las familias van a experimentar su porción de dolor. Todos los padres y esposos van a tener sus reveses, desilusiones, vergüenzas en público y fallos morales. Lo mismo podría decirse de todas las madres y esposas. Todos los hijos van a experimentar algunas de las crueldades de la vida.

En lugar de pretender que este no es el caso, necesitamos preparar a nuestros hijos para encarar un mundo que a veces quebrantará sus corazones. Si nuestros hogares se convierten en lugares donde podemos llevar las cargas y vendar las heridas, le estaremos dando un buen regalo a nuestros hijos.

DEFINIR EL ENFOQUE

Lee la Instantánea «Una empleomanía cualificada» antes de la pregunta 4

Pregunta Cuatro Los padres educados no le dirán a sus hijos «A los niños se les ve pero no se les oye». Por el contrario, los padres educados les comunican a sus hijos que ellos son atesorados. No son una interrupción. Ellos no son un resultado accidental. Los padres educados nunca restan la autoestima de los hijos llamándolos estúpidos. Esas palabras se impregnan en la conciencia de estos pequeños indefensos. Ellos no saben cómo interpretarlo. Solo lo creen. Y pasan toda una vida tratando de cambiar la cinta que está tocando en su mente.

Los padres educados no forzarán a los niños a enterrar sus emociones. Los padres educados harán exactamente lo opuesto. Enseñarán a sus hijos cómo expresar la emoción. Hasta irán un paso más allá y aprenderán como sacar las emociones de sus hijos y les enseñarán a manejar esas emociones con madurez y honestidad. Los padres educados no motivarán a sus hijos para que den una falsa imagen ante el público. Por el contrario, los padres educados le enseñarán cuidadosamente a sus hijos cómo resolver sus conflictos para que no tengan que salir con una máscara. Esta educación por lo general no sucede en una clase formal. Sucede cuando tomamos con seriedad la crianza de los hijos. Sucede cuando comenzamos a pedir el consejo de padres que respetamos, cuando comenzamos a seguir el modelo de Dios en cuanto a la crianza, cuando leemos libros buenos y vemos videos buenos. Hay muchas fuentes útiles que podemos usar.

Disponemos de más materiales y recursos para los padres que nunca antes en la historia. Las librerías están llenas de excelentes materiales para la familia. Hay videos para la familia, cintas grabadas, revistas, conferencias, programas de radio. Todo lo que tenemos que hacer es dedicarnos a emplear tanto tiempo leyendo materiales acerca de la familia como empleamos tiempo leyendo nuestras revistas y periódicos. Tal vez sea necesario que algunas noches apaguemos el televisor y leamos un buen libro acerca de la crianza.

Solo tenemos a nuestros hijos durante una temporada. Durante esa temporada, decide ser un padre/madre de calidad. Dedícate a leer bien, educarte bien, informarte bien, ser una persona de calidad en la unidad de centro de trauma en tu hogar para que estés educado y preparado para preparar y tratar a tus hijos de manera apropiada durante el breve tiempo que los tienes.

Lee la Instantánea «Hacerte accesible» antes de la pregunta 5

Pregunta Seis En Efesios 6:4, Pablo llama a los padres para que no exasperen a sus hijos. No los provoquen. No los amarguen. Nada exaspera a un hijo como un padre ausente. La misma ausencia causa amargura.

Pregunta: Cuándo y dónde en la vida de tu familia pueden tus hijos decir: «Papá, tengo un problema» o «Mamá, ¿te puedo preguntar algo?» ¿Cuáles son las horas de oficina en el centro de trauma de tu hogar? ¿Dónde está la oficina del médico? ¿Dónde pueden suceder estas clases de cosas? Cuando mis hijos eran jóvenes, las horas de acostarse eran oportunidades fantásticas para tener un momento con ellos. Me gustaría desafiar a cada padre y madre con niños para que la hora de acostarse sea importante. Vayan y arrodíllense ante la cama o acuéstense en la cama y hablen. Dejen que ellos se expresen. A veces, durante esos momentos, tú descubres algo por casualidad que puedes sacar y realmente hablar sobre esto.

Además de la hora de acostarse, toma ventaja de caminatas, paseos en bicicleta y comidas a solas como una oportunidad de atender a tus hijos. A veces, los padres y las madres necesitan pasar unos momentos solos con los niños y preguntarles: «¿Hay algo que te gustaría decirme ahora que estamos solos y tenemos mucho tiempo para hablar?» Tenemos que medir esos momentos porque no los podremos recuperar. Cuando los niños crecen, sus horarios comienzan a llenarse y el calendario social se llena de actividades. Necesitamos emplear tiempo con ellos mientras sea posible.

Algunas familias están experimentando con noches de familia, una tarde apartada para que toda la familia se reúna una vez a la semana. Te animo a hacerlo. En nuestra casa a veces extendemos las conversaciones alrededor de la mesa de la comida haciendo que todos tengan una taza de té obligatoria. Se necesita un poco de tiempo para que el agua hierva y cuando el té está listo, te tienes que sentar allí por un rato hasta que se enfría. Pero nos hace quedarnos en la mesa durante unos veinte minutos extras. Necesitamos ser creativos y crear el tiempo para los intercambios y cuidados significativos.

Lee la Instantánea «La importancia de ser observador» antes de la pregunta 7

Pregunta Siete Tengo amigos cercanos que están en varias líneas de trabajo. Uno de ellos es un vendedor de autos. Él ve un auto en el otro lado de la carretera y dice: «Ese auto tuvo un accidente y lo volvieron a pintar». También tengo un amigo que es un contratista. Cuando pasamos por un edificio, él puede decir si lo diseñaron mal o no. Estas personas me maravillan. Me pregunto cuántos de nosotros somos tan observadores cuando se trata de nuestros hijos. ¿Cuántos de nosotros escudriñamos las actitudes, patrones de conducta, y dirigimos a los hijos de manera que podamos hacer un diagnóstico temprano de los problemas que puedan venirle encima? Esta es una parte crítica de ser padres/madres eficientes.

Sitúate en el cuadro

Desafía a los miembros de tu grupo a tomar un tiempo en la próxima semana para usar parte o toda esta sección de aplicación como una oportunidad para continuar creciendo.

ENSEÑA LA FE EN EL HOGAR

DEUTERONOMIO 32:44-47

INTRODUCCIÓN

La familia puede proveer una clase de capacitación espiritual que ninguna otra institución puede igualar. Una familia tiene el potencial de hacer lo que ninguna otra organización puede hacer: que las impresiones espirituales en los niños sean más profundas y duraderas. En el hogar, los niños pueden recibir una capacitación espiritual máxima, intensiva y exhaustiva si sus padres son seguidores completamente consagrados a Cristo.

¿Qué clase de marcas específicas vas a tratar de dejar en tus hijos? ¿Cuáles son las verdades básicas que deben dejarse impresas en la vida de los niños? ¿Cuál es el currículo?

Primero, la esencia del cristianismo es una relación. Segundo, servir a Cristo es la actividad o experiencia más satisfactoria que nuestros hijos pudieran tener. Y tercero, obedecer al Señor da por resultado una vida de bendición. Estas son las lecciones centrales que todos los niños deben aprender en el hogar.

EL GRAN PANORAMA

Dedica unos momentos a leer esta introducción al grupo. Hallarás sugerencias de cómo hacerlo al principio de la sección del líder.

UNA AMPLIA PERSPECTIVA DE TU MUNDO

Pregunta Uno Otro recuerdo espiritual vívido que tengo viene de mis años en los grados de séptimo a noveno. Ya era lo suficientemente mayor para reconocer que mi padre era un hombre de negocios exitoso. Anduve bastante tiempo con él en su trabajo como para saber que era muy capaz de jugar bien en el mercado. Pero no importaba cuán presionada fuera su vida y cuánto viajara, él arreglaba las cosas para estar los domingos en casa con la familia. Así que todos los domingos íbamos juntos a la iglesia y después podíamos sentarnos para comer como una familia. Después de nuestra comida al mediodía, mi papá manejaba su auto a través de todo el pueblo hasta el hospital mental de la localidad donde dirigía una pequeña meditación y un tiempo de canciones para cien mujeres ancianas olvidadas y mentalmente retardadas. Él guió estos servicios y ministró a estas mujeres durante veinticinco años.

Algunas veces él nos pedía a uno de nosotros, sus hijos, que lo acompañáramos. A veces hasta íbamos voluntariamente. Recuerdo que uno de estos servicios se celebró un domingo de Navidad. Yo esperaba que mi papá no me pidiera que lo acompañara, porque quería jugar con mis juguetes nuevos. Entre todos los hijos que podía invitar, él dijo: «Billy, vamos. Vamos». Tenía el maletero del auto lleno de regalos que llevamos hasta el hospital y luego él dirigió un breve tiempo de cantos con estas mujeres. Este era el único servicio al cual ellas asistirían. Después del servicio, él llevó estas cajas a la parte de atrás de la capilla y a medida que las mujeres salían de la capilla, yo observé cómo mi padre saludaba a cada una de ellas por su nombre. Abrazó a muchas de ellas. Lo ví tirar sus brazos alrededor de estas mujeres retrasadas, ancianas, sin atractivo alguno y desaseadas. «Oh, Francis, feliz Navidad. Encontré algo para ti». «Helen, oh Helen, feliz Navidad». Una por una ellas desfilaron, y a una por una él les mostró el amor de Jesús. Recuerdo mirarlo a sus ojos mientras él miraba a los ojos de aquellas mujeres, y vi un amor que solo podía venir de Dios.

Un retrato bíblico

Lee Deuteronomio 32:44-47

Pregunta Dos Muchos padres han probado una cantidad de maneras diferentes para delegar en otros la preparación espiritual de sus hijos. Los mandan a la Escuela Dominical, a escuelas cristianas, grupos de jóvenes, clases de catecismo, clases de confirmación y cosas así. Todas estas cosas pueden ser buenas y provechosas, pero no reflejan el lugar central de aprendizaje espiritual para los niños. Lo fundamental es que el lugar central y primario para el crecimiento espiritual en las vidas de los hijos está en el hogar, y los maestros primarios son los padres.

Nosotros, los padres y madres, tenemos la tendencia de criar a los niños con mucho entusiasmo en nuestras áreas de competencia personal. Si por casualidad una madre es una instrumentista musical, por lo general los hijos toman clases de piano desde temprano en sus vidas. Si un padre es un atleta ávido, él pone unas pequeñas pesas en la esquina de la cuna y dice: «Vamos, agárralas. Vamos a levantar pesas. Apúrate y crece para que podamos hacer cosas atléticas juntos». Tenemos la tendencia de ser padres entusiastas en el aspecto de nuestra propia competencia.

Aquí es donde las cosas se complican. Muchos padres no se consideran muy competentes en el aspecto de sus vidas espirituales. Aquellos de nosotros que hemos caminado con el Señor durante muchos años estamos dolorosamente advertidos de nuestros pecados y nuestros fallos espirituales. Esto nos puede llevar a un complejo de inferioridad como padres en el aspecto de brindar capacitación espiritual a nuestros hijos. Así que decidimos delegar la responsabilidad en alguien más. Necesitamos que se nos recuerde que cualquier cosa que la iglesia u otras organizaciones o individuos le ofrezcan a nuestros hijos, deben verse como un suplemento. Dios sabe exactamente lo que está haciendo al dejar que esas responsabilidades caigan directamente sobre los hombros de los padres.

En este punto hay una gran sabiduría en la estrategia de Dios. El hecho es que los padres que sinceramente intentan enseñar y entrenar a sus hijos espiritualmente terminarán creciendo más que sus hijos. El maestro siempre aprende más que los estudiantes. Parte de la sabiduría de Dios al darle a los padres el papel de capacitador espiritual principal de sus hijos es el deseo que Dios tiene de desarrollar padres y no solo desarrollar hijos. No importa cuán viejos sean tus hijos, tú sigues siendo su capacitador espiritual.

Definir el enfoque

Lee la Instantánea «Una relación dinámica con Dios» antes de la pregunta 3

Pregunta Cuatro Como padres, nuestro ejemplo es críticamente importante. Podemos modelar una fe legalista que trata acerca de reglas y regulaciones o una relación gozosa y dinámica con el Dios vivo. Nuestro modelo y ejemplo hará toda la diferencia del mundo. Emplea un tiempo en el que los miembros de tu grupo honestamente identifiquen algunas de las maneras en que los padres modelan el mensaje equivocado. Además, anímalos a comentar maneras prácticas en las que pueden ayudar a sus hijos a entender realmente qué es la fe.

Lee la Instantánea «Sirve a Dios» antes de la pregunta 5

Preguntas Cinco y Seis Recuerdo hablar con un padre cristiano a mediados de sus cincuenta años mientras tomábamos una taza de café. Él comenzó a llorar mientras me hablaba acerca de su hijo de treinta y cinco años de edad que todavía andaba en busca de cada experiencia, juego, premio y emoción. Y él dijo: «Cada vez que veo a ese muchacho siento un dolor agudo en mi corazón, porque él está mal gastando su vida en la búsqueda de una satisfacción que solo Cristo puede darle».

Quiero enseñarle a mis hijos lo que Jesús dijo una y otra vez: Si realmente quieres encontrar la realización de esta vida, la encontrarás dando tu vida a Su servicio y al servicio de otros. Si quieres ganar vida, dijo Jesús, piérdela sirviendo a Dios y a los demás. Quiero enseñarles a mis hijos que mediante la autogratificación ellos nunca encontrarán una satisfacción plena. Ellos solo encontrarán lo que están buscando, en términos de una verdadera plenitud, mediante el servicio a Dios y dándose a otros.

Mi padre tenía un bote de vela, un aeroplano y muchos otros juguetes, pero yo nunca vi una mayor satisfacción en sus ojos que cuando guiaba los servicios de alabanza para esas mujeres en el hospital para enfermos mentales de Kalamazoo. Cuando más vivo se veía era mientras servía a Dios. Necesitamos ayudar a nuestros hijos a aprender estas mismas valiosas lecciones temprano en sus vidas.

Lee la Instantánea «Premios ricos» antes de la pregunta 7

Preguntas Siete y Ocho Cuando Jesús estaba en esta tierra, tomó un grupo de pescadores sin preparación alguna y les dijo la palabra más poderosa que un maestro espiritual pueda decirle a un guía espiritual: «Sígueme». «Camina conmigo, habla conmigo, mírame, hazme preguntas, desafíame si quieres, pero sígueme». Y en tres breves años este puñado de líderes, con los que Jesús comenzó, se transformó en un grupo de hombres tan fuerte espiritualmente que volvieron el mundo al revés. Ellos cambiaron el curso de la historia humana. El salón de clase de Jesús fue el mundo. Su conferencia fue su vida. Él dejó marcas espirituales inolvidables en sus seguidores. Y padres, la metodología que Jesús usó nunca ha pasado de moda. La palabra más poderosa que le puedes decir a tus hijos en tu intento de marcarlos espiritualmente es: «Sígueme».

Si quieres que tus hijos aprendan que el cristianismo es acerca de una relación viviente con Jesús, entonces asegúrate de modelarles esa clase de relación. Si te relacionas con Dios de una manera genuina, puede ser difícil para tus hijos llegar a cualquier otra conclusión. Si quieres que tus hijos sirvan a Dios y encuentren satisfacción al hacerlo, entonces descubre tu don espiritual y úsalo para la gloria de Dios. Sirve con entusiasmo y solo deja que tus hijos vean la satisfacción que tú has encontrado en vivir para Cristo. Si quieres que tus hijos obedezcan a Dios, entonces obedece tú a Dios y deja que ellos observen la bendición que viene por llevar una vida obediente.

Sitúate en el cuadro

Desafía a los miembros de tu grupo a tomar un tiempo en la próxima semana para usar parte o toda esta sección de aplicación como una oportunidad para continuar creciendo.